HR的重生

效率时代的信息化革命

焦学宁　王强　著

中国法制出版社
CHINA LEGAL PUBLISHING HOUSE

顾问委员会：

马 炎　江海军　黄志宾　周 洁　罗 俊
许 可　张秀君　葛 雯　李瑞松　王建建
符 鹏　张 俊　徐 渤　李 昂　莫春玲
罗紫妍　邓 曦　陈桂萍　邵 倩　王 娜
陈 青　李静仪

专业支持：

三茅人力资源网
中国人力资源信息化赋能中心
亚太人才资本研究会

推荐语

名家寄语

中国是被互联网改造得较为彻底的国家。从信息、购物、服务、金融到空间，中国消费者能够接触到的各个行业，大都需要在互联网的加持下快速进化，并将其作为消费者关系、产业合作甚至企业内部管理中所使用的基础设施。《HR的重生：效率时代的信息化革命》梳理了人力资源信息化的发展脉络，是呈现互联网对中国商业赋能的极佳案例。

——著名财经作家　吴晓波

创立分众以来，我亲历过许多领域的起落，也见证过许多企业的兴衰，而其中最成功的企业，无一不拥有一套卓越的人力资源管理机制。在消费升级的大浪潮中，每个行业都有可能被重做一遍，每家企业都要面临被颠覆的危机，而人力资源信息化管理，可以激发"人"的活力，让企业在时代赋予的这场消费升级大潮中保持竞争优势。《HR的重生：效率时代的信息化革命》这本书，可以在人力资源信息化方面带给企业实用的参考价值，值得一读。

——分众传媒董事局主席　江南春

发达国家在企业信息化管理方面虽然比中国早起步30年,但人力资源信息化应用的真正爆发式成长也就是最近10年的事情。目前中国企业管理水平距离世界水平仍有显著的差异,相关理念和手段也落后5-10年,此时进行关于人力资源信息化以及对应的管理升级理论和实践探讨,应该是恰逢其时。人力资源信息化专著《HR的重生:效率时代的信息化革命》的诞生,正是这一宏观趋势下的微观注脚,对于中国企业在人力资源信息化浪潮中会遇到的困难与对应的解决手段,有着很好的参考意义。

——正和方达董事长　朱雷

三年多前,人力资源信息化并非VC关注的赛道或风口,2号人事部也尚在创业早期。在那段时间,我花了大量的时间与精力和学宁、王强讨论:为什么微软愿意花269亿美元收购领英?为什么Workday公司亏本却在资本市场上价值百亿美元?日本的Recruit Holdings是如何发展成为市值超千亿元的巨头的?未来五到十年中国的企业会发生怎样的变化?中国的领英、Workday在哪儿?

我们相信:随着我国人口红利的消失,降本增效必将成为中国大量企业的基本诉求。通过信息化、智能化的手段,提升企业的管理效率也必将成为中国企业的刚性需求。所以,当2号人事部尚在襁褓之时,我就选择了相信学宁和王强,支持他们创业,做了2号人事部的天使投资人。学宁、王强是那种既胸怀天下、又能脚踏实地的优秀企业家,他们希望通过自己与团队的努力,让天下没有难管的企业,这是一项非常伟大的事业!

三年后,点米和2号人事部已经管理了超过2000万的员工,帮助超过60万家企业有效提升了管理效率。当前,我们正面临百年未有之大变局,世界经济动荡下滑令我国的企业面临严峻的挑战。中国广大的中小企业要求生存、图发展,人力资源信息化、智慧化将成为企业脱困突围的必然选择。在帮助中国广大企业提高效率、升级转型的道路上，2号人事部依然任重而道远！也希望2号人事部在帮助中国千万中小企业升级转型的过程中，迅速跻身世界一流的人力资源信息化SaaS供应商行列，成为具有世界影响力的伟大公司！

——创大资本创始人、董事长　许洪波

按照克劳斯·施瓦布（Klaus Schwab）所著的《第四次工业革命》中的观点，当今我们正处于第四次工业革命当中，5G、AI将引领各行各业新一轮的信息化进程。迄今为止，很多HR部门仍被诸如算社会保险、发工资等烦琐的事务性工作占据了大部分时间，不仅工作效率难以提高，还无法聚焦培养人才、开发人才、挖掘人才潜力等核心工作。但在第四次工业革命时代，HR有望通过新兴的技术应用摆脱烦冗的事务性工作，全身心聚焦人才赋能的核心业务。《HR的重生：效率时代的信息化革命》一书，正是讲述此背景下，如何通过应用新技术提高HR工作效率，使HR回归核心业务——发现人才、培养人才、开发人才的一本行动指南专著，值得一读。

——人社部劳动科学研究所劳动争议研究室主任　李天国

我与焦总相识于2016年，那时焦总携他的2号人事部项目一举荣膺中国（宁波）人力资源服务创新创业大赛冠军。此后，他便深耕人力资源服务业，走在技术创新、科技创新、共享合作的路上。

当前，世界经济飞速发展，人才市场剧烈变化，互联网、物联网、云计算、大数据、人工智能等技术革命使得"人"从"资源"转化为价值"资本"。在这场信息化浪潮中，对企业人力资源管理角色提出了许多新的要求。值此契机，点米科技CEO、2号人事部创始人焦学宁与三茅人力资源网创始人王强，以亲身实践和亲身感悟，研究编写了《HR的重生：效率时代的信息化革命》一书，站在理论角度，详细解读人力资源服务信息化的发展历程；站在实操角度，从互联网行业、制造行业、教育行业等十个第二、三产业出发，以翔实的数据，严谨地分析了现代信息化工具为企业人力资源管理所带来的创新、优化和提升。

未来，HR 要打破以往的孤立和静态，向全局和动态看齐。人力资源部门将从后台支持部门走到台前，与业务部门紧融为一体，互为支撑，共同为企业价值的提升作出贡献。

——宁波人力资源服务行业协会秘书长　潘卫平

业界评说

看到《HR 的重生：效率时代的信息化革命》的大纲及章节内容，极为振奋！书中系统性地对 HR 行业的信息化进程做出了高度概括性的总结，并对 HR 行业未来信息化技术的发展做了超前的引领，同时进行了实战案例的复盘与技能延展。

在当下的中国，"人才是第一资源"的标语已经在各处张贴宣传，人力资源的价值已经得到各行各业经营者的高度重视。如何发挥人才的最大价值，是每个 HR 孜孜以求的最高任务。要发挥人才的最大价值，先要释放 HR，让 HR 更高效率地处理很多行政事务。通过 2 号人事部研发的各个易用工具，可以解放 HR 的双手，让 HR 用更多的时间来发掘每一位职场人士的潜能，为企业打造一支高效能的团队。

书中简洁的原理阐述加上翔实的案例，为 HR 如何更加高效地处理日常工作提供了实战操作指南。与此同时，像 2 号人事部这样的人力资源信息化工具还横向联合了一些专业机构的产品，为 HR 高效完成日常工作准备了许多"武器库"，人啊人的 T12 人才测评就是"武器库"的核心"武器"之一！工欲善其事，必先利其器，《HR 的重生：效率时代的信息化革命》应该成为每个 HR 的工具书之一，值得深度阅读！

——广东人啊人网络技术开发有限公司董事长　温建林

我于 2015 年创立了"人力资源领先战略"这一理论。"人力资源领先战略"是指企业在所有资源中，如果优先投入和配置人力资源，企业的发展将会事半功倍。优先投入和发展人力资源是任何一个企业效率最大化的最优路径，而信息化技术则是提高"人"的效率的最佳工具。无论是企业家，还是 HR，都需要拥抱信息化，用技术推动公司的组织变革，以适应未来时代。《HR 的重生：效率时代的信息化革命》一书，系统描述了人力资源信息化的过去、现在和未来，值得一读。

——南京德锐咨询企业有限公司董事长、人力资源领先战略理论创建者　　李祖滨

每个企业在信息化转型的过程中都会遇到各种困难，而焦总和王总通过三年来对数万家企业实践的研究，总结出的内容极具参考意义和指导价值，期待如此充满干货的鸿篇巨著！

——全景求是管理顾问有限公司董事长　魏兴

什么是信息数据的力量？十年前的答案应该是模糊的。而现在，数据系统的应用，在每个行业都是迫在眉睫的。人力资源作为企业核心资源，信息数据化应用得较晚的原因就是人的复杂性。作为第一本介绍人力资源信息化革命的书籍，不仅为我们展示了信息化的历史，更是描绘了信息化在各个行业的应用场景。非常值得管理者与 HR 从业者畅读、实践。

——组织发展专家　白睿

从业 16 年，授课无数，阅人无数，大小咨询项目很多，发现现在不管什么行业，都少不了信息化工具的辅助，人力资源行业自然也不例外。

信息化的人力资源管理模式，可以让企业实现低成本、高效率、全员共同参与的运作，使 HR 摆脱传统的行政性、事务性工作束缚，

以更加专业的姿态进行战略性、规划性的人力资源工作。阅读本书，可以指导人力资源工作者的工作更高效地展开，在此推荐。

——薪酬设计"6+1"模式创始人　冯涛

不确定性时代，我们的认知需要验证和迭代。如何迭代？需要用数据说话，而不能通过直觉和经验。任何决策不能拍脑袋，必须是数据驱动。用数据驱动决策，HR 管理也不例外。人力资源信息化建设，是新时代人力资源管理的基础。如何进行人力资源信息化建设？如何进行人力资源数据分析和应用？这本书为广大 HR 进行了深入地解读，不仅给了我们实践的指南，而且打开了我们的视野！

——前微软大中华培训经理、英特尔渠道销售项目培训师、
爱立信人力资源总监　姚琼

科学技术是第一生产力，人力资源是第一资源。20 世纪末，中国通过改革开放发展科学技术，释放生产力。以此为基础的新世纪第一个 20 年，中国迅速完成了产业结构优化调整，踏入了推动生产力高速发展的新阶段。

信息化之所以重要，不仅在于它在这个过程中通过改变现代应用科学技术的面貌，从而改变了人与社会的存在方式。更加重要的是，它将人从繁复的逻辑事务中解放出来，得以投身创造性的工作，由此大幅度地提高从人力资源到人力资本的转化效率——这正是这本书要告诉我们的。

——中国劳动经济学会人力资源分会创始会员　李憨

名企观感

在这个无序多变的 VUCA 时代，人力资源工作者需要真正地参与到企业的战略管理中，才能体现出人力资源管理的价值和功能

性。那么如何从琐碎、重复的事务中解脱出来呢？人力资源信息化管理无疑就是一个很好的选择。《HR 的重生：效率时代的信息化革命》这本书让我看到了在中小公司大规模实现人力资源信息化管理的希望。

——北京达康医疗投资有限公司 HRD　张娟

现在的人力资源行业正处于一个新的转型期，信息化管理的重要性已经不言而喻，很多大公司已经开始了人力资源信息化管理，但实施信息化管理的高昂成本，让很多中小企业望尘莫及。这本书非常适合被烦琐的基础人事工作缠身、迫切想转型的中小企业 HR，相信读完你会有所收获。

——方圣时尚集团 HRD　侯争艳

随着互联网的发展，人力资源行业也发生了翻天覆地的变化，人力资源信息化管理是大势所趋。之前我也思考过企业 HR 如何通过信息化来提高效率降低成本，但一直无从入手。而这本书恰好给我指明了方向，让我看到了未来努力的目标。

——北京牛咖斯汽车服务股份有限公司 HRD　王双双

这本书来得很及时。从工业经济时代到信息经济时代发生了巨大变革，新的办公方式逐渐取代旧有的模式，这在我们 HR 的日常工作中深有体会。在这个时代，信息化的工作方式对 HR 来讲尤为重要：一是大部分计算类的工作可以直接交给系统，二是系统计算避免了人为性的计算出错，可以规避很多隐患，让 HR 聚焦更有价值的工作。

——广州美亚电子商务国际旅行社有限公司 信息技术总监　秦传晓

我见过的 HR 大多数被日常繁杂的事务性工作淹没，人力资源专业价值难以得到体现，利用专业工具实现高效办公是趋势，更是必然。如果你热爱人力资源工作，本书应该能让你对这个行业的未来充满热情和希望。

——恩施州好又多商贸股份有限公司 HRD　万剑

　　近几年信息化逐渐渗透到人力资源行业中。这本书包含了丰富的行业案例，站在不同的角度对人力资源信息化进行了剖析，既有理论知识也有行业实操。书中大量的实例适合读者直接在工作中借鉴，是一本值得钻研的好书！

——北京易成时代科技有限公司 HRD　赵晨西

序一　万物皆有裂缝，那是光照进来的地方

我们这个行业的许多东西，正在以异常决绝的态度奔向死亡。

最嗜血的猛兽，已经向这个行业发起了围猎

2016 年，微软以 269 亿美元的惊人高价收购了世界上最大的职业社交网络 LinkedIn，展示了老牌技术巨头对于招聘领域的势在必得。外界猜测，微软的海量计算能力，会彻底掀翻招聘这个领域的业态，软件将最大化地接管人工在招聘流程中的作用。

2017 年，Facebook 开始尝试为中小企业提供招聘公告服务，一年之内席卷四十多个国家。社交领域的玩家跨界而来，可以预见，招聘从此将不再是单一僵化的流程，在数据的流动中，候选人的面目将被无比清晰地描绘出来，纤毫毕现地呈现给面试官。

作为长期的劳动力供应大国，国内的发展更加迅猛。以人力资源行业为代表的企业服务领域成为互联网下半场的宠儿，2018 年 BAT（百度、阿里巴巴、腾讯三者简称）等头部互联网公司和各大投资机构不约而同地加大了对企业服务领域的投入，资本催生了企业管理和服务在数字化基础上的大量创新。

风起云涌之间，人力资源行业所面临的竞争格局发生剧变。依靠

经验、资源和相对廉价劳动力的传统人事服务，正面临着来自互联网和资本圈"野蛮人"的全新竞争，而企业内部的 HR 也已经无法避免要去面对"如何与机器竞争"这样残酷的话题。在人工智能技术将替代的岗位中，传统的人事管理岗位很不幸"名列前茅"。

是的，这个行业的裂缝已经出现，熟悉而温暖的蛋壳正在破裂。到底是被从外打破而面对死亡，还是从内打破而展现新生，就是我们想和广大 HR 从业者在本书中探讨的内容。

十年之后，你是否还在用 Excel 算工资？

二十年前，你用 Excel 算工资和管花名册，那是彼时最前沿的趋势；十年之后，你是否还打算用 Excel 算下去？

即便你愿意，时代不会给你这个机会了。

当人工智能在以超过人脑千倍的速度筛选候选人档案的时候；当大数据在描绘员工画像的时候；当无所不在的社交网络已经成为招聘新渠道的时候；当区块链将档案信息保存到无人能修改的云端服务器的时候；当 SaaS 系统在瞬间计算工资、社会保险（以下简称"社保"）、考勤的时候，每个 HR 从业者的生存状态将被改变成什么样？

不论个体的意愿如何，行业并不抗拒这种变化。事实上，行业迫切地需要这种变化。

2010 年以前，人力资源在大部分企业眼中还是取之不尽、用之不竭的资源。在人口红利用尽的现在，我国一年的劳动力缺口就高达 1400 万左右，而这个缺口还在逐年增加。以人为工作对象的人力资源行业，正在从增量时代进入存量时代，甚至是减量时代。资源难以再增加了，只能对现有的资源进行更加高效地开采和配置，尽可能地挖掘出人的价值。在经济和人口大环境的变化下，在技术地推动下，这个行业的变革激烈程度将远远超过以往。

所以，嗅觉灵敏的巨头才会跨界而来，因为整个行业即将被重塑。

田园时代正在快速消逝，信息化正在摩拳擦掌准备接管这个行业。对那些懂得利用信息工具武装自己的新一代 HR 来说，这可能也是他们实现职场腾飞和重塑价值的最佳机会。

信息化重塑 HR 的工作价值

各种新式技术正在不断地向企业管理渗透，在这一不可逆的趋势下，信息化将成为重构人力资源行业的基础设施，随之而来的，则是 HR 的价值触角被迅速放大。

例如，在信息化系统的辅助之下，HR 通过对比车间往年的产值和人数，可预测达到明年预期产值所需要的人员配置；或者通过考勤、绩效、日常工作表现等细微数据，可预测出一个季度后的员工离职情况。有了信息化和数据的支持，HR 发现自己的管理半径大大突破了人事管理这个垂直领域。

试想一下，当你向老板汇报："本年，我们的人工成本投产比已经提升了 20%，这主要有两个原因：第一，新一轮的经营管理人员调整后，新到位的人员经营业绩普遍提升 20%，相对未调整前人员业绩提升高了 8%，成为公司业绩的重要增长因素；第二，在业务扩展上，新的业务发展成员的数量、成本都控制在 15% 以下，相比往年同样的业务增长规模，人均成本下降了 7%。预计按照新的方式和计划，在人员控制和发展上将节省公司开支计 5 万元左右。"

如果你能做出这样一个报告，那么，你很可能跃升为企业的战略合伙人。而有了信息化地协助，你将能轻易地完成这个报告。

信息化不是一个可选项，而是现代企业管理的刚性必要条件。互联网的侵蚀、经济的转型、社会的进化，已经在人力资源行业内催生出许多新型的服务和从业形态，比如社交化的招聘服务、实时呈现结果的背景调查服务、帮助面试甄选的人才测评服务、通过高效 SaaS 人事管理软件联动提供的各项企业服务，等等。各种兼职平台的兴起，将传统的雇佣关系变成了项目合作关系；而在滴滴这类共享经济当中，司机不仅和滴滴公司没有签订劳动合同，甚至连生产资料（车）都是自己的。

以人为工作对象的人力资源管理开始进入一些不确定区间，随之而来的，是 HR 的身份也变得模糊，不再强调管理者或者支持者的区别，而是更多地聚焦在服务者甚至赋能者这个角色上。

这是一种非常复杂的变化，绝非仅仅依靠个人努力或者组织架构调整就能实现。这一变化需要站在企业管理信息化的基础上，以高效率的系统工具作为抓手，利用整个社会资源对接的变化来实现。

想享受移动互联网时代的沟通便捷，你首先需要注册微信、微博等社交工具，让自己成为在线化的一分子，让自己的信息数据实时在线。同样的，想亲身参与产业互联网的伟大变革，或者让所属企业享受这一变革所带来的好处，第一步就是让你所在的企业接入产业互联网。你需要通过信息化帮助企业实现管理数据在线，让 HR 工作从管理各种纸质资料的时代，进入到管理实时在线数据的电子时代。

凡有裂缝的地方，必定有光涌进来。我们这个行业正在破茧重生，周身都是打破旧壳所带来的裂缝。信息化，就是那道无处躲避的光，追寻它并掌握它，才能找到自己在管理新链条中的价值锚点，进而决定你在企业食物链中所处的位置。

这也是 HR 职业的重生。

焦学宁

序二　谁在杀死HR？

对于HR来说，这是最好的时代，也是最坏的时代。

效率已经成为这个时代最鲜亮的标志，所有的一切都在以前所未有的速度呼啸而来、狂奔而去，如果你反应不够快的话，它只会在你身边留下一地鸡毛。

这个时代，你永远不会知道打败你的会是谁：外卖"杀死"了方便面，共享单车"杀死"了"黑车"。"我消灭你，与你无关"，每一个领域，都可能面临跨界而来的降维攻击，以一种完全出乎意料的方式被毁灭。你只有跑得快一些、再快一些，直到跟上时代的脚步，才能把潜在的威胁抛在身后。

对于HR来说，这些可能的攻击会在哪里？

毫无疑问，就在被时代裹挟而来的信息化风暴之中。

人工智能，已经开始和HR竞争面试官的角色，有研究表明，HR面试一个人，平均要23分钟，但用人工智能，只需要0.015秒。

区块链，被用来建立职业信用档案以及做背景调查。当你还在用纸质材料管理文档、打电话调查候选人的时候，分布式服务器在瞬间已完成了这些工作，而且成本更低、更可靠。

云计算，更是成为了行业内最为明晰的趋势，SaaS系统已经切入企业管理的各个环节：入离职率、增长率、流失率、招聘进度、出勤、人力成本等，都可以在系统中实时呈现。曾以做表格为核心竞争力的你，有没有感到一丝凉意？

大数据，已经能够精准进行员工的心理及行为变化测试、离职早期预警、自动识别用工风险。这些高价值的工作在数据的流动中被提示得一清二楚，你怎么拿 Excel 和它竞争？

人力资源这个行业，早已经不是传统意义上的安逸岗位，所有的一切都在以光速进化，各个环节都在飞快地被这个时代改变，每一个从业者，都没有资格停留在原地。

因为行业不会等你。

在管理已经走到信息化的今天，组织已经对 HR 这个角色提出了新的要求。如果一个 HR 还是处在做表格、排制度、上传下达的传统工作语境中，必然无法享受行业进化所带来的优势，只有正面迎接趋势、将自身改造得适应这个时代的需求，才能在时代改造行业的时候，得到更长久的生命力。

所以，我们出版了这本书，希望从时代发展的角度，探讨人力资源信息化的发展，对人力资源信息化的发展历程和未来趋势进行较深入的分析，从而为 HR 从业者应对呼啸而来的挑战提供一些有益的参考。通过本书，大家可以对信息化趋势有一个较为全面而透彻的认识，了解如何利用信息化来通盘改变自身的工作状态。

人力资源不是一个死气沉沉、变动迟缓的行业，它的变化非常快速。在一切都正被改造的行业环境中，打败 HR 的，从来不是另外一个 HR，而是席卷而来的信息化浪潮；杀死 HR 的，也不会是这个时代，而是故步自封的自己。希望本书能帮助读者建立起人力资源信息化的理论框架，在已经到来的行业大潮中，领先时代一个身位。

王　强

目 录

CHAPTER I 人力资源信息化简史
第一节　工业时代信息化初现雏形 /002
第二节　营销时代人力资源信息化蓬勃发展 /009
第三节　互联网时代 SaaS 引领人力资源信息化潮流 /014

CHAPTER II 人力资源信息化理论剖析
第一节　人力资源信息化的内涵及作用 /030
第二节　人力资源信息化当前存在的问题 /034
第三节　信息化是人力资源行业发展的必然趋势 /038
第四节　中国企业人力资源信息化的未来八大趋势 /043

CHAPTER III 人力资源信息化工具的演变
第一节　信息化工具演变的三个阶段 /048
第二节　传统本地管理系统 ERP 的出现 /053
第三节　在线服务产品的演变 /057
第四节　SaaS 产品的兴起 /059

CHAPTER IV 企业人力资源信息化具体问题解析

第一节　传统管理模式下企业的人力资源管理困境 /066

第二节　实现人力资源信息化对企业的意义 /074

第三节　信息化要求人力资源从业者具备哪些胜任力 /078

第四节　当前市场上人力资源信息化工具有哪些不足 /085

CHAPTER V 企业如何选择合适的人力资源信息化工具

第一节　互联网 + 时代下的企业人力资源信息化工具选型 /092

第二节　企业人力资源信息化工具选型案例 /101

CHAPTER VI 人力资源数据分析方法及应用案例

第一节　人力资源常用数据分析方法 /112

第二节　人力资源过程管理数据分析及应用案例 /119

第三节　人力资源数据分析指标 /129

CHAPTER VII 信息化在人力资源各模块工作中的应用

第一节　信息化让员工关系更"安全无忧" /146

第二节　信息化工具使招聘成为"高速公路" /150

第三节　信息化系统在薪酬管理中的作用 /154

第四节　绩效管理信息化运用 /158

第五节　人才盘点与高潜（核心）人才培育 /159

第六节　信息化背景下的企业文化建设 /162

CHAPTER VIII 企业信息化工具介绍——以2号人事部为例

第一节　2号人事部介绍 /167

第二节　信息化如何帮助HR工作效率倍增——2号人事部功能实操 /172

目 录

CHAPTER IX 十大行业人力资源信息化改造——以2号人事部为例

第一节　助力互联网企业跨入"无纸化办公"时代 /190

第二节　造纸公司发现一款物超所值的人事软件 /194

第三节　跨国早教集团用系统实现自动化员工管理 /196

第四节　集团型金融外包公司的云管理之路 /199

第五节　外贸公司如何实现"人"与"事"的无缝衔接 /204

第六节　排班问题让美容会所经历了一场公关危机 /211

第七节　解决房地产行业编外员工管理困境 /214

第八节　跨国建筑安装企业的属地化管理之路 /219

第九节　如何搞定连锁餐饮管理公司的三大管理难题 /225

第十节　连锁酒店人事难题终得破解 /228

后记 /231

CHAPTER I

The Regeneration of Human Resource

人力资源
信息化简史

| 第一节 |
工业时代信息化初现雏形

一、历史大潮：三次工业革命引领时代发展

从第一次工业革命到第三次工业革命，企业管理的特征从粗放式管理发展为科学化、规范化、制度化，再进入需加强人力资源管理的创新阶段，目的就是降低企业经营管理成本、提高劳动生产效率。信息和知识逐步取代了原材料而日益成为企业生存的重要资源，加速企业管理由对物的管理转向对人的管理，也促进了工业时代企业人力资源管理的信息化雏形初现。

1. 第一次工业革命时期（蒸汽机革命）

蒸汽机在欧洲的广泛应用，引发了第一次工业革命。18世纪到19世纪的第一次工业革命，使以机器为主的现代意义上的工厂成为现实。机器生产逐渐取代手工劳作，极大提升了生产效率。与此相对应，现代大工业开始代替工厂手工业，并成为社会生产的主要形式。

此时，管理学开始形成，但企业的管理思想仍然是经验型的。经验型企业管理具有四个特点：（1）在企业管理指导思想上，认为

工人总是偷懒的，必须实行强制性管理。（2）在企业管理方法上，实行独断专行式管理。（3）在企业管理依据上，依靠管理人员的感觉和经验。（4）在工人和管理人员培养上，靠师徒式的经验传授。自第一次工业革命以来，企业管理思想的管理内容逐渐充实、管理方法逐步更新，但企业管理方式总体上还处于一种"草莽经营"的状态中，家族化、随意化、非规则化和专制化是企业经营管理的主旋律。

第一次工业革命后，企业分工协作复杂、企业管理需要管理职能划分，但其管理模式基本上仍停留在原始粗放型状态，缺乏重大突破，此时的企业人力资源管理也是粗放式的经验型管理。

2. 第二次工业革命时期（电气革命）

19世纪70年代至20世纪初，电力开始被广泛应用，人类跨入电气时代，促使工业企业进一步采用机械化、自动化生产，分工协作更为严密，要求生产实行标准化、专业化、定额化。这一时期，科学技术的发展推动了生产和资本的集中化，大企业、大集团、垄断组织成为了这一时期工业企业的特点。与传统的小规模企业相比，大型企业的经营管理成本更低，劳动生产效率却更高。

此时，企业管理更为复杂，经验型管理已不能胜任，迫切要求管理的科学化，泰勒制科学管理应运而生。泰勒制科学管理在20世纪初的各国企业中普遍推行，使企业管理进入科学管理的第一阶段，即企业规范化、制度化管理阶段。亨利·福特创建的美国福特汽车公司1913年开发出世界上第一条汽车劳动生产流水线，这就是在泰勒制科学管理原则的指导下，通过标准化的劳动、强化的技术分工和高度专门化的机器，生产出标准化的产品。标准化使生产流水线上的分工达到细微的程度，在以分工和专业化为基础的生产过程中，分工越来越细，强有力的指挥、控制、监督和奖惩保证了生产流水线有序高效运行。

第二次工业革命更为复杂的企业管理，更强调科学化、规范化、制度化，此时迫切需要提高人力资源管理向专业化、高效化发展，从对物的管理转向对人的管理的重要性已经初步显现。

3. 第三次工业革命时期（科技革命）

第二次世界大战后，尤其是在1980年后，第三次工业革命开始兴起。第三次科技革命即信息革命使企业管理进入了最新阶段——信息管理阶段。光电子技术、计算机技术、网络技术等飞速发展，带来了管理思想和管理手段的巨大变化。企业生产经营过程是信息加工传递的过程，所有管理活动都是基于信息的管理。

第三次工业革命时期，现代科技革命使企业的资源结构发生了巨大变化。**人成为了企业最宝贵的资源，具有学习能力的人才能提升企业核心竞争力。** 企业资源结构的变化要求管理不断创新，**要求加强人力资源的管理，以降低经营管理成本、提高劳动生产效率。**

4. 工业时代的本质

工业时代企业管理的特征是集中生产的管理模式，以机械化、工业化为典型代表，强调流程化管理。生产的两大要素分别人工和机器，这两大要素都在厂房内进行大规模生产。人工提供劳动力、简单的技能，机器提供生产技术，<u>人是重要的生产要素之一</u>；同时生产还需要依靠土地、劳动力、原材料和资本，要依靠这些资源进行大规模生产。此时的组织强调提高生产效率，以集中化大型制造工厂为典型代表。

因而，在工业时代，企业制胜的根本就是拼命扩大生产——大规模的生产带来的是成本的边际递减、利润的边际递增。社会需求大于社会生产，这是工业时代的本质，虽然这一时期的社会生产得到了极大提升，但仍无法满足社会需求。工业时代的人力资源管理特征主要是对人和事的管理，以事务性工作为主，管理粗放，而企业管理的需求在于提高生产效率，降低成本。

二、人和事务管理为核心的人事管理

1. 早期人事管理的出现

对人和事的管理是伴随着组织的出现而产生的。现代意义上的人事管理是从美国的人事管理演变而来，也是伴随着工业革命的产生逐步发展起来的。20世纪70年代后，人力资源在组织中的作用已经发生了变化，传统的人事管理已不再适用于当时的组织，于是它开始从管理的观念、模式、内容、方法等方向，全方位向人力资源转变。

沃尔玛，美国零售企业，从一个小镇商店，在短短的数十年内发展成为了全球最大的跨国零售商。沃尔玛成功的原因是多方面的，但不得不提它的人员管理模式。沃尔玛的创始人山姆·沃尔顿曾对《福布斯》杂志记者说："我们想让员工知道，我们很重视公司的员工，对我们来说，他们非常重要，因为事实确实如此。"沃尔玛尤其重视员工的价值，倡导让每一位员工实现自己的个人价值，把员工当作有智慧的个体、当作创造企业价值的源泉，而非只将员工看作一个工作的工具。

（1）传统人事管理活动

早期的人事管理更多是事务性工作，只限于人员招聘、选拔、分派、工资发放、档案管理之类的琐碎工作，后来逐渐涉及职务分析、绩效评估、奖惩制度的设计与管理、人事制度的制定、员工培训活动的规划与组织等。

（2）传统的人事管理工作的性质

传统的人事管理基本属于行政事务工作，特征是活动范围有限、以短期导向为主，主要的执行工作由人事部职员完成，几乎很少涉及组织高层战略决策。

（3）传统人事管理在组织中的地位

由于人事管理工作被认为是门槛低、技术含量低、对组织贡献度低、无特殊专长的工作，所以传统人事管理工作在组织中的重要程度相对低，因而人事管理被视为执行层的工作，缺乏决策权力。

2. 以事务性管理为核心的人事管理

工业时代的人力资源管理是对人和事的管理。工业时代人力资源管理的核心是人，并且把人当成一种资源来进行最大化的使用。这个时代，人的价值和机器的价值是无差别的，所有的管理方法论都是工具的标准化和动作的标准化。其中典型的例如，吉尔布雷斯的动作标准化研究、福特的流水线作业、法约尔的经营六项活动和管理的五项职能、韦伯的科级组织理论，等等。这些都是在通过坚持科学的分工、标准化的动作，较大地提高生产效率。

布雷斯夫妇有个著名的动作研究。布雷斯在做砖匠期间，对于标准化和方法研究非常感兴趣。他发现所有工匠的表现都不相同；他还发现，有些工人效率很高，但是有些工人工作效率低下。于是，布雷斯致力在做砖匠过程中，研究确定能够高效完成铺砖的基本动作，同时舍弃一些不必要的铺砖动作。最终，他将研究的结果交给其他砖匠去使用，使用后，这些工人将有效的产出从每天铺砖1000块提升到2700块。吉尔布雷斯夫妇这一研究是一种能立即影响最终结果的方法。

三、人和事务管理为目的的信息化工具初步出现

工业时代，人力资源管理的核心是人，工具的标准化也是这个时代的管理方法论之一，并由此催生了以人和事务管理为目的的信息化工具初现，包括早期的薪资管理系统、人力资源信息系统和现在竞相出现的 eHR 系统。

表 1-1　工业时代的人力资源管理系统

时间	发展阶段	主要特点（核心特色）	实施效果
20 世纪 70 年代	基础计算工具阶段	自动计算薪资（仅实现薪资数据录入后的自动计算）。	不能保留薪资历史数据，没有报表和薪资数据分析功能。
20 世纪 80 年代	薪资人事系统时代	自动计算薪资，并实现了薪资历史数据的保存和管理功能。	用于职员管理和薪资计算，不涉及其他人事模块。
20 世纪 90 年代	人力资源管理系统	用集中的数据库对人力资源的相关数据进行统一管理，形成了集成的信息源。通过规范和完善的业务流程，实现流程的自动化协同工作。	主要应用于基础人事管理；在了解组织整体业绩状况、改进组织管理方法、提高企业绩效等方面无法提供支持。
20 世纪末	人力资源管理信息化（eHR）时代	将人力资源的各类信息整合在一起，增加数据的准确性、实时性。固化管理流程，使人力资源管理标准化、规范化和流程化提供人力成本分析、对关键字表的分析和监控，提供决策支持与企业内部其他模块相互继承，提高部门协同能力。	在整体规划、与其他应用系统的集成、人性化设计、基于 .net 开发等方面占据优势。

1. 早期薪资管理系统

20世纪60年代末的第一代人力资源管理系统实际上就是薪资管理系统。最初的人力资源信息化，其实是针对人力资源管理当中最为复杂和繁重的模块进行的，而在当时的人力资源管理工作中，当属薪资的计算最为复杂和繁重。然而那个时期受到了技术条件和需求的限制，企业与用户是非常少的，且在企业看来，这种系统最多是一种能帮助小部分计算薪资的工具罢了。

第二代的人力资源管理系统是在20世纪70年代末出现的。此时的系统，在解决了薪资计算问题的基础上，逐步开始有了记录员工的基本信息的功能，并且包含记录员工薪资历史数据的功能。同时，它具备的生成报表、对薪酬数据进行分析的功能，也得到了比较大的提高和改善，具备了一部分人事信息管理的功能。

2. 人力资源信息系统

20世纪90年代初开始出现了第三代人力资源管理系统。它包含了员工信息、招聘、培训、绩效管理、薪资福利等模块，同时具备了比较完善的报表功能，相当于运用数据库的形式，囊括了和人力资源相关的所有数据。

第三代人力资源管理系统是从人力资源管理的角度、运用数据库的形式、将人力资源所有的相关数据，例如员工信息、招聘、培训、绩效管理、薪资福利、职业生涯设计、职位管理、岗位描述、历史数据等，进行统一的存储和管理，并在人力资源信息完善的情况下，结合完善的业务流程，实现流程处理自动化以及协同办公。人力资源管理的从业者，可以借助系统的信息自动化、信息共享、系统的报表工具、分析功能等，摆脱部分繁重的事务性工作，转移出部分的精力，去考虑企业的人力资源规划和战略发展方向。

3. eHR 系统竞相出现

在传统工业化思维影响下，ERP（Enterprise Resource Planning，企业资源计划）及各类本地化部署的大型 eHR 软件涌现，其功能相对复杂，覆盖模块较多。这一时期的人力资源管理信息化系统，不仅具备人力资源管理系统的所有特征，而且还能够实现员工与企业人力资源管理者之间的互动和零距离交流。

eHR 在当时似乎出现了光明的市场前景，也让很多的软件厂商和管理咨询公司开始加入开发 eHR 软件的行列。当时的大牌 eHR 厂商不下 30 家，知名的不下百家，还有数以千计的小型厂商步入 eHR 领域。然而事实上，eHR 的光明市场前景并没有想象中那么好，eHR 的功能也远远无法达到客户的期待。当时的情况是，eHR 市场竞争过度，且行业不成熟（客户、人力资源管理者和 eHR 开发商都不够成熟），所谓的光明前景也变得暗淡，能生存下来就已经相当不错了，不少企业经营惨淡，基本上没有实质性的业务，更有甚者已经关门大吉。

| 第二节 |
营销时代人力资源信息化蓬勃发展

一、营销为王的时代序曲

1. 市场营销概念的提出

美国市场营销协会认为，市场营销是创造、沟通与传送价值给顾客，并经营顾客关系，以便让组织与其利益关系人受益的一种组织功能与程序（该定义于2013年7月通过美国市场营销协会董事会一致审核）。菲利普·科特勒下的定义强调了营销的价值导向：市场营销是个人和集体通过创造并同他人交换产品和价值以满足需求和欲望的一种社会化管理过程。而格隆罗斯给的定义强调了营销的目的：所谓市场营销，就是在变化的市场环境中的一项旨在满足消费需要、实现企业目标的商务活动过程，包括市场调研、选择目标市场、产品开发、产品促销等一系列与市场有关的企业业务经营活动。

2.品牌概念深入人心

美国著名广告研究专家Larry曾经预言：未来的营销是品牌的战争。显然，而在现代营销竞争中，品牌因素已成为企业在竞争中抢占先机的关键因素。在激烈的全球化竞争背景下，跨国公司在营销活动中将品牌营销战略发挥得淋漓尽致：谷歌、苹果、亚马逊是家喻户晓的全球最具有价值的品牌Top3；可口可乐和百事可乐是碳酸饮料的代名词；肯德基、麦当劳是走入寻常百姓家的快餐品牌。市场竞争的加剧促使中国企业强化品牌意识，国际市场充满机遇，中国品牌已在全球崛起，例如华为、小米、联想等。同时，我国很多企业也意识到了品牌的重要性，都已经或者正在准备实施品牌营销战略，然而很多企业对于品牌营销的理解还不深刻，也并未真正建立起品牌。

一个完整的品牌包括品牌名称和品牌标志，它不仅代表着一种产品的属性、名称、包装，而且向消费者传递着价格、声誉、文化观念等潜在信息。在现代市场经济中，品牌的作用越来越大，杰弗里·兰德尔将品牌的功能归结为四个方面：识别、信息浓缩、安全性和附加价值①。营销专家和营销人员将广告的功能和魅力，大范围地运用到现代市场营销中，因此渐渐形成了一种新的营销理论和营销行为——品牌营销。

企业可以利用品牌去传达产品和企业的形象，通过加强与消费者的沟通和互动，提高消费者对自身品牌的辨识度和认可度。同时，消费者也能够在品牌中获取有效的信息，以满足自身的个性化需求。消费者选择了有美誉度的知名品牌，还能减少选择的不确定性、提高消费的安全性。

3. 某电视台标王——典型品牌传播

2013 年，某电视台黄金资源广告招标总额为 158.8134 亿元，比 2012 年增加 16.2377 亿元，增长 11.388%，创下了某电视台招标金额的历史纪录。当年，剑南春以 6.08 亿元，一举夺得当年的标王。

回望昔日的"英雄谱"，作为中国经济发展的见证者，"标王"和他们的故事已经成为一个"符号"烙在时代的记忆里，成为营销为王时代的典型品牌传播案例。

4. 营销时代的本质

无论在任何时代，商业的本质没有变，都需要有更好的产品和服务满足客户需求、创造顾客价值和价值增值。在营销时代下，因为社会生产力的长足进步，社会生产已经大于社会需求，社会需求则更加多样化。除了更好地满足需求、控制需求外，还要通过营销手段和品牌影响引导需求甚至创造需求。

---

① 杰弗里·兰德尔:《品牌营销》，上海远东出版社，1998。

二、人力资源管理成为企业管理的核心

在营销时代，社会生产已经大于社会需求，企业想要在市场竞争中取得先发优势，以往粗放式的人力资源管理方式，已不再适用。人力资源是企业获得竞争优势的源泉，企业只有培养人才、开发人才、提高人力资源管理的能力进而提升企业竞争力，才能在日益激烈的市场竞争中获得优势。

人力资源管理在不同时代不同阶段也有着不一样的内涵和特征，20世纪60年代至80年代以后，企业人力资源管理也从传统人力资源管理逐渐过渡和发展到战略人力资源管理。

20世纪60年代以来，随着人类社会劳动复杂程度的不断提高，"人力资源"的观念开始受到越来越多的关注，人力资本的作用也越来越显著。**彼得·德鲁克提出："企业管理最终就是人力管理；人力管理就是企业管理的代名词。"** "人力资源管理"视员工为组织的资产，除招募甄选、分派、工资发放、档案保管等比较琐细的具体工作之外，逐渐涉及绩效评估、奖酬制度的设计与管理、员工培训活动的规划与组织以及其他人事制度的制定等，传统人力资源管理虽然强调"以人为本"，但其实质仍停留在人事管理的水平上，管理幅度狭窄、工作范围有限，很少涉及组织的高层战略决策，角色定位还停留在行政事务的处理上。[①]

传统的人力资源管理，注重的是成本——工作中重视的是降低人力成本、减少人力资源的费用支出，所以在企业经营管理的实际中造成了对人力资源工作的不重视，认为这只是一份简单的工作；同时传统的人力资源管理对员工并不重视，对员工的流失漫不经心、意识不

---

① 刘颖：《传统人力资源管理到战略人力资源管理的职能转变》，《上海管理科学》，2003年5期。

到员工流失给企业带来的损失；也不重视员工在内部的发展和晋升，不愿意付出较高的培训支出。

因此，传统的人力资源管理把员工当成了企业的成本负担，无法将员工利益和企业利益结合在一起。

三、以在线服务为核心的人力资源信息化工具

营销时代，社会生产已经大于社会需求，而社会需求更加多样化。伴随着互联网的初步发展，标准化的工具已经无法满足企业管理的需求，因此，人力资源信息化工具逐渐形成以服务在线化工具为核心的形态。

1. 在线服务工具兴起

传统 eHR 软件成本高昂、实施周期长、功能无法满足企业需求，因此企业的人力资源服务需求越来越旺盛。人力资源工具结合互联网的初步发展，将人力资源服务与信息化工具结合在一起、更好地满足 HR 的管理需求，已经迫在眉睫。此时，服务在线化工具逐步兴起。

2. 典型代表产品

在线服务软件一般采用软件免费、服务收费的模式，并辅之以互联网化的简单信息系统，使人力资源服务的获取更加便捷。但此类软件的功能比较单一，无法解决企业 HR 的管理问题，软件主要只是为了辅助服务而存在。

"互联网＋社保"的典型代表产品是基于企业经济劳动用工前沿发展趋势，这类产品创新设计并推出了一系列综合解决方案服务，针对不同场景需求，基于企业风险之源——用工关系进行顶层设计，进而为企业提供一站式综合解决方案，并通过先进的互联网技术和

高品质的全直营服务体系，最终助力企业成功，让企业的人力资源工作真正"高枕无忧"。

"互联网+背景调查"的典型代表产品通过"SaaS+人工智能+专业服务"的形式为企业提供专业、高效、高性价比的员工雇前背景调查服务。作为一个基于web端的企业服务平台，企业用户可通过PC端在线下单，委托背调任务、在线支付，并获取背调报告。该软件对接多个国家数据库，并联合含近十万HR的互助背调联盟获取候选人的职场征信数据，提供身份验证、学历验证、学位验证、工作履历核实、工作表现核实、驾驶证验证、违章记录查询、金融违规记录、商业利益冲突、犯罪记录、诉讼记录、失信记录、金融行业黑名单等多种服务项目。

| 第三节 |
互联网时代 SaaS 引领人力资源信息化潮流

一、移动互联网的爆发和新技术应用

《连线杂志》创始主编、互联网预言帝凯文·凯利关于未来趋势的四大预言是：凡是强调效率和生产的职能都将被人工智能所取代；虚拟现实将成为最主要的社交方式；追踪，未来海量的数据将成为制胜的关键点；按需经济，分享将成为未来的主题，弱化拥有的概念，能按照需求获取和使用才是未来经济的主流。

1. 互联网的普及与发展

20世纪末21世纪初，互联网迅速渗透，网民数量迅速增长，此

时诞生了一大批如美国的微软、谷歌，中国的 BAT 之类的互联网企业，并成长为巨无霸。互联网时代带来了信息爆炸，实现了资源和信息共享，缩短了人与时间及空间的距离。

中国的互联网时代诞生于 1994 年，经过 20 多年的发展，我国的网民和使用移动互联网的用户数量全球排名第一。互联网让我国人民的生活方式发生了翻天覆地的变化，不仅涵盖了日常生活的衣食住行，工作方式也由传统行业转向互联网＋行业；所以说，互联网的发展彻底改变了我们每一个人的生活。

2. 移动互联网的爆发式普及

随着智能手机的普及，移动互联网掀起了互联网时代发展的第二次浪潮，诸如 Uber、微信等产品迅速走入人们的生活。互联网缩短了人与人之间的距离，并随着便携式终端的普及缩短了人与世界的距离，让信息和联系随时随地发生。

3. 人工智能的应用

人工智能（Artificial Intelligence，即 AI）是指某种能在一定程度上模仿人类的活动，如感知、思考、学习和反应等的程序系统。

百度公司创始人、董事长兼 CEO 李彦宏认为："互联网的下一幕就是人工智能时代。"人工智能将会彻底改变制造业、汽车行业、医疗行业、娱乐行业等，也将取代传统人力。

中国的 AI 发展速度领先于全球。据统计，2015 年我国的人工智能市场收益为 12 亿元，其中语音识别占 60%，计算机视觉占据 12.5%，其他识别部分为 27.5%。在只考虑语音识别、计算机视觉，不包括硬件产品销售收入（如机器人、无人机、智能家居等）、信息搜索、资讯分发、精准广告推送等的情况下，BBC 预计全球人工智能总体市场规模将在 2020 年达到 1190 亿元；并预测国内人工智能市场规模将在 2020 年达到 91 亿，年复合增长率约 50%。①

人工智能上升为国家战略，并明确了阶段性发展目标：7 月 20 日，新华社报道了国务院关于印发《新一代人工智能规划》的通知，提出了面向 2030 年我国新一代人工智能发展的指导思想、战略目标、重点任务和保障措施，部署构筑我国人工智能发展的先发优势，加快建设创新型国家和世界科技强国。

4. 大数据和云计算备受瞩目

麦肯锡曾提出，各个行业和领域都已经被数据渗透，目前，数据已成为非常重要的生产因素。大数据的特点是数据体量巨大、类型繁多、商业价值高、处理速度快，可以通过挖掘和处理数据并将其应用于更多领域。未来的大数据将更多地被应用于互联网、移动互联网、物联网、金融、通信等行业。

我国的大数据产业现阶段高速发展。虽然中美两国几乎在同一个时期发展大数据产业，但是我国依然比美国稍微逊色。究其原因，美国在信息技术发展方面的历史久远，各项硬件和软件都拥有超强实力——早在大数据概念火热起来之前，美国就已经有了 40 多年的技术积累，这使得美国的信息技术企业能够顺应时代的变化迅速转型为大数据企业，从而推动整个大数据产业在美国的发展壮大。与美国大数据领域的发展相比，中国的发展速度稍微落后，但是从全球范围来看，大数据的热潮已经开始回落，而中国的大数据产业依然保持着超高速的增长；在产业层面，我国大数据产业也将保持高速发展。

大数据在 2018 年已深入渗透到各行各业（对于我国大数据产业的

---

① 《人工智能前景向好 2020 年市场规模达 91 亿美元》，http://robot.ofweek.com/2018-04/ART-8321206-8420-30220881.html，引用日期：2018-09-19。

规模，目前各个研究机构均采取间接方法估算）。中国信息通信研究院结合对大数据相关企业的调研测算，2017年我国大数据产业规模为4700亿元人民币，同比增长30%。[①]

5. 万物互联新时代

"互联网+"的概念在2015年被李克强总理提出后，几乎所有的创业者、企业家都在谈论互联网、万物联网，可见联网化、万物互联逐渐深入人心。一句话总结，"互联网+"就是互联网融合传统行业并将其改造为具备互联网性质的新的商业模式。

当今社会上，各处都在谈及物联网，各行各业都挤破脑袋想在物联网里分一杯羹，而要实现真正的"互联+"，任重而道远。"互联网+"被提出来，是因为将来会是万物互联的时代，从商业到物、到人，再到事，所有都是被连起来的，这将会促使更多的商业模式出现，也会是"互联网+"的最终目标。在那个时代，商业及企业已经不分线上与线下，整个社会都是一个"大一统"的状态。

全球物联网目前还处于起步阶段，相关的标准、技术、产业、体系的发展还比较基础，产业体系尚处在建立、完善过程中。未来，全球互联网的发展会呈现持续上升的状态。未来十年，预计将实现全球物联网大幅度普及，并以20%左右的年均复合增速快速发展，全球物联网有望在2023年达到约2.8万亿美元的市场规模。

二、个体赋能和信息共享促进组织形式多元化发展

阿里巴巴集团学术委员会主席、湖畔大学教育长曾鸣提出：未

[①]《2018年我国大数据行业市场现状及发展趋势预测》，http://www.chyxx.com/industry/201805/641766.html，引用日期：2018-05-17。

来组织最重要的功能已经越来越清楚，那就是赋能，而不再是管理或激励。"赋能"观念首次被提及，著名的管理学家陈春花老师也说，未来的组织管理中最核心的价值其实就是我们怎么去赋能和激活人。

我们可以大概理解为："赋能"即是把能量赋予某种人或事。通俗地表达为：某人或某事本身并不存在某种能力，是第三方赋予了能量给它。它最早是心理学中的词汇，旨在通过言行、态度、环境的改变给予他人正能量。

把赋能这个词用在管理学中，是指企业由上而下地释放权力，赋予员工自主工作的权力，从而通过去中心化的方式驱动企业组织扁平化，最大限度发挥个人才智和潜能。[①]

1. 扁平化组织

扁平化组织是指管理层与下属的工作传达交流更加直接的一种组织结构形态，它使上下级关系更加密切、任务信息传达更加灵活，也可以简化工作流程。由于管理范围较大，被管理者有较大的自主权、积极性和满足感，缺点是管理幅度较宽、权力分散，不易实现严格控制。

传统组织的特点，表现为层级结构。一个企业的高层、中层、基层管理者组成金字塔的形状。

当企业规模扩大时，原来的有效办法和扁平化的有效办法不同，前者是增加管理层次，后者是增加管理幅度，当管理层次减少，管理幅度增加时，金字塔状的组织形式就被"压缩"成扁平状的组织形式。

呈扁平化结构组织的小米公司相信，优秀的人才自带强劲的驱

[①] 《大咖都在说的赋能到底是什么》，http://www.sohu.com/a/242903558_722904，引用日期：2018-09-19。

动力与自我管理能力，而传统的管理方式是不信任的方式。"小米员工都有将工作做到最好的干劲"，这种公司的产品信仰一旦打造出来，管理就不再困难。在小米这样高速成长的企业里，扁平化管理使组织能够将所有资源高度聚焦在核心产品上，将产品做到极致，才能更快速地反应市场变化。

小米几千人的团队只有三级组织架构，分别是：核心创始人、部门领导、员工，团队人数一般保持在十几人的规模，如果人数稍有扩大就会拆分成小团队。小米的这种组织结构也体现在办公布局上：一层产品、一层营销、一层硬件、一层电商，每层由一名创始人坐镇，贯彻公司的战略快速执行。他们彼此都希望在各自分管的领域做到业界一流，互不干涉，一起把公司做大做好。

为了让员工把所有的心思和精力都放在工作上，除了7个创始人有职位以外，其他人员的身份都是工程师，晋升的奖励就是涨薪，这样才能让员工真正地去做事。

这样的组织架构，减少了层级之间互相汇报所浪费的时间。小米现在数千人的规模，除了每个星期一召开的"公司级别例会"之外很少开会，也没什么季度总结会、半年报告会。在成立的几年里，7个合伙人只开过3次集体大会，时间都花在产品上面了。2012年8·15电商大战，从策划、设计、开发、供应链，仅用了不到24小时准备，上线后微博转发量近10万次、销售量近20万台。

雷军的第一定位不是CEO，而是首席产品经理。他大部分时间用于参加各种产品会，每周定期和MIUI、米聊、手机与营销部门的同事进行产品层面的讨论。很多小米公司的产品细节都是他在这样的会议当中，跟产品经理、工程师一起讨论决定的。

2.阿米巴组织

阿米巴组织架构，正是应传统行政组织模式难以适应激烈的市场竞争和快速变化环境的要求而出现的。传统企业的组织架构图是自上而下的矩阵图、是一种金字塔式的等级制结构，而阿米巴的组织架构图却是自下而上的蜂巢图——由许多个"阿米巴"构成企业的组织基础，每个阿米巴都是一个独立的利润中心。

阿米巴组织架构需要员工打破原有的部门界限、绕过原来的中间管理层次，直接面对顾客和向公司总体目标负责，以群体和协作的优势赢得市场主导地位，从而达到使阿米巴组织变得灵活、敏捷、富有柔性、创造性的目的。

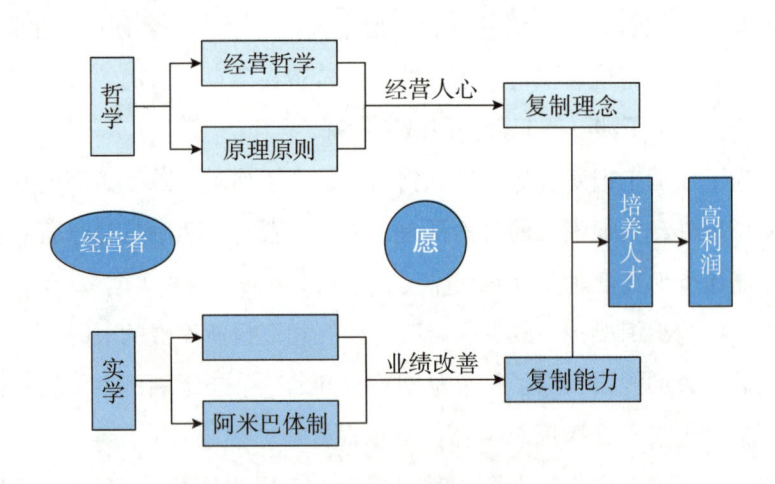

图 1-1 阿米巴经营的运行逻辑

阿米巴组织的经营模式很适用于中国的中小型企业，因其规模较小、结构简单、灵活多变，不必担心模式的转变使企业伤筋动骨。

阿米巴组织划分需要遵循"能够独立完成一道工序并创造市场价值"这一原则，即要求阿米巴能够做到"服务企业战略、最大限度划小、独立核算、独立完成业务、责权利一致性"，把企业整体划分为一个个能够自主经营、独立核算、自负盈亏的阿米巴组织。

阿米巴组织以工作流程而不是部门职能来构建组织结构，由于组织架构得到了细分，最基层的阿米巴组织也能够最大限度地发挥公司整体的能量。企业全体员工经过组织划分后，由于责任细化，他们会萌生一种经营自家企业的意识，工作更加积极主动，从而在公司中传递源源不断的正能量。

1959年，稻盛和夫在几位朋友的好心帮助下成立了京瓷公司，在1984年成立了第二电信公司（KDDI）。这两家公司至今为止一直保持着快速发展和持续盈利，其原因就在于采取了基于牢固的经营哲学和精细的部门独立核算的"阿米巴"经营模式。

3. 虚拟组织

虚拟组织是一种区别于传统组织的、以信息技术为支撑的人机一体化组织。它以现代通信技术、信息存储技术、机器智能产品为依托，实现传统组织结构、职能及目标。它在形式上没有固定的地理空间，也没有时间限制。组织成员通过高度自律和高度的价值取向共同实现团队的共同目标。

在虚拟组织平台上，企业间的创新协作可以实现优势互补、风险共担。在网络环境下，企业用虚拟组织的形式组织生产与研发工作，可以适应全球化竞争的态势，更好地满足消费者的多变需求，使企业快速发展。

三、人力资本管理的兴起

人力资本（HCM-Human Capital Management）理论最早起源于经济学研究。20世纪60年代，美国经济学家舒尔茨和贝克尔创立了人力资本理论，开辟了关于人类生产能力的崭新思路。该理论认为物质资本指现有物质产品上的资本，包括土地、原材料、建筑和其他有价证券等；而人力资本则是体现在人身上的资本，即对生产者进行教育、职业培训等支出及其在接受教育时的机会成本等的总和，表现为蕴含于人身上的各种生产知识、劳动与管理技能以及健康素质的存量总和。

1. 人力资本的概念

人力资本是指通过诸如教育、培训等有目的的投资而体现在劳动者身上的知识、技能、经验和健康等的总和，是能够带来未来收益的、具有经济价值的资本。

2. 人力资本管理的发展

在传统的人力资源管理中，经验、直觉是不二法宝，可是现在越来越多的企业不再需要这种模式的管理，而要求人力资源部门能以数据驱动决策。成本中心、脱离业务、战术而非战略……这些都是HR部门在公司人心中的常见形象，随着大数据应用的深入，人力资源也可以成为提供企业战略支持的高级管理部门。

毫无疑问，人才是企业成败的关键因素，具有获得一流员工的能力将使公司更具有竞争优势，通用电气公司就是这样的一个实践者。通用电气公司每年用在员工培训上的费用高达10亿美元，管理层使用大部分时间来教导、发展、评估和提拔出色的人才，花费如此多的时间和金钱投入，只为获得更好的人才，董事长杰夫·伊梅尔特就明确表示："人才必须是公司的核心竞争力。"

但不幸的是，人事安排常常依赖于直觉或者经验判断，且管理好一流人才是需要投入大量时间与精力的，可即使HR部门、公司管理层竭尽全力，也依然无法实现和每一位员工深入交流，有限的时间成为不可忽视的障碍。我们更加需要一种客观的、高效的人力资源分析实践。

大数据为人力资源管理带来的转变实质上包含两层含义：

第一层是改善，降低成本又提高效率，并且能摆脱凭借经验感觉的模糊型模式；

第二层体现在大数据带来的前瞻性作用上——它可以为帮助"人才"和"组织"这两个方面的发展提供决策依据。[①]

它给人力资源管理创造的第一层改善作用，可以用三个词来概括：更简单、更低价、更高效。借助计算机强大的处理能力，入离职管理、劳动关系、薪酬、社保、福利、员工管理等事务性的人事工作都能转移至机器操作。当 HR 从繁重的重复性工作中解放出来时，就可以将更多的时间和精力花在富有创造性的工作上。比如，利用数据解析目前正在发生的事情，预测可能会发生的未来。从而实现从战术性事务管理到为企业战略提供支持的角色转变。

四、SaaS 软件引领人力资源信息化潮流

ERP（含 HR 模块）及各类本地化部署的大型 eHR 软件功能复杂、成本高昂，服务在线化工具仅专注于某一块人力资源服务，并不能解决人力资源综合管理难题；而 SaaS 则将以往本地部署的大型软件云端化，灵活度高、扩展性强，并能解决人力资源综合管理难题。未来，SaaS 云服务将成为时代的主旋律，引领人力资源信息化潮流。

1. SaaS 概念

SaaS：Software-as-a-Service 即软件即服务的简称，或者也可以理解为付费的云软件，依据企业管理和 HR 工作场景设计。SaaS

[①] 《了不起的大数据，催变人力资本管理》，http://www.sohu.com/a/148458998_539037，引用日期：2018-09-19。

将以往本地化部署的大型软件云端化，企业按需租赁，无须下载、更新、维护软件，灵活度高。互联网+SaaS思维将在以上基础上实现线上系统与线下服务的集成，为企业解决人力资源管理难题并提供各类服务；自动化解决烦琐的人事工作，为企业管理规划决策提供科学助力。

对企业来说，SaaS的优点在于：

（1）从技术方面来看：SaaS不需要购买任何的硬件设备，用户只需要注册即可使用，省时高效。企业部署简单方便、操作流程简单，不用配备专业的IT人员指导使用，又能满足企业的信息化管理需求。

（2）从投资方面来看：企业需要做到的只是每年给一些"租金"，且"租金"价格相对市面ERP系统便宜，需要用多久，就"租"多久，不会过多地占用企业的营运资金，缓解企业资金紧张的压力；企业不用考虑成本折旧问题，并能及时获得最新硬件平台及最佳解决方案。

（3）从维护和管理方面来看：SaaS能使用户的使用变得异常简单，只要您连接到网络，就可以访问系统。由于SaaS系统是租用的，所以不需要用户增加额外的费用和管理人员来专门维护。

2. SaaS发展情况

企业级SaaS作为互联网产品的一种，直接受益于互联网和移动互联网的兴起。企业级SaaS面向中小型企业的即时通信需求，为中小企业节约了软件开发成本，也为SaaS服务提供方增强了用户黏性。据艾瑞咨询统计，2018年我国SaaS软件市场规模已达142亿元，与2012年的23亿元人民币相比提升了约6倍。

互联网和移动互联网的兴起，带动了互联网产品的发展，企业级SaaS就是受益者之一。

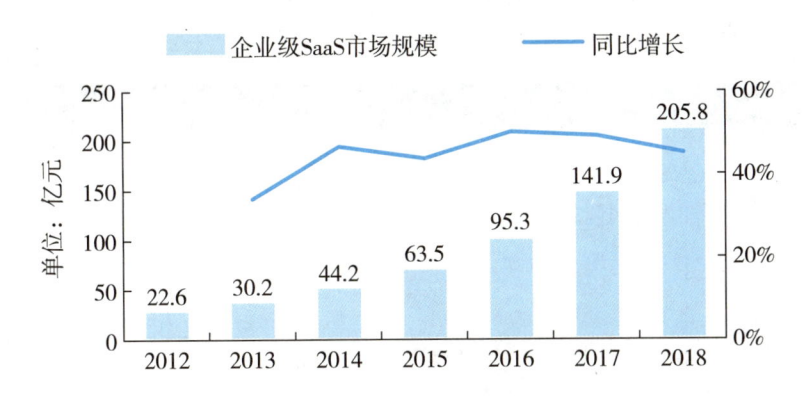

图 1-2　2018 年中国企业级 SaaS 行业分析报告（图片来源：中国报告网）

3. SaaS 与传统软件对比

相比传统软件，SaaS 服务依托于云计算与互联网，采取按需收费的模式，无须企业用户准备机房等硬件设施，能够大幅度降低企业运营成本，提高运营效率。以下为传统购买软件模式和企业级 SaaS 服务模式的初期投资、总成本、部署周期、风险、服务持续性对比。[①]

表 1-2　SaaS 服务行业研究报告

	传统购买软件模式	企业级 SaaS 服务模式
初期投资	高—— 数据服务器和操作系统等的前期支出	低—— 一次性缴付初始安装费
总成本	高—— 前期成本、升级和维护软硬件的费用	低—— 按需缴付固定月费/年费
部署时间	长—— 安装及配置应用系统所需时间	短—— 无须安装硬件

---

① 《SaaS 服务行业研究报告》，https://36kr.com/p/5048008.html，引用日期：2016-06-13。

续表

	传统购买软件模式	企业级 SaaS 服务模式
风险	高—— 财务风险较高	低—— 无长期合约约束，与供应商分担风险
服务持续性	低—— 服务时间通常于维护期后结束	高—— 软件升级与维护服务持续整个服务期

资料来源：36氪研究院

4. SaaS市场趋势

SaaS市场趋势1：水平垂直化混合型发展。未来3~5年，中国SaaS产品将进一步"垂直化"发展。企业级SaaS通用型厂商未来会加大特定行业定制化服务，各大垂直行业细分领域也会不断涌出新兴SaaS厂商和传统软件转型厂商。

SaaS市场趋势2：由SaaS向PaaS延伸。SaaS产品主要有平台和垂直两种类型。管理平台类，功能较全，以直接替代传统企业管理软件为使命；而垂直类，一般属于单点极致类应用，功能高度聚焦，业务逻辑比较清晰。对于一个SaaS公司而言，在开始时选择一个垂直细分领域切入是更为可靠的方式，面向一个细分市场打磨产品、积累用户、拓展市场，当用户量达到一定规模的时候，就要引入第三方开发者提供更多的协同类产品满足用户更多需求、转型平台模式、实现用户变现。以Salesforce为例，在2005年，它推出了名为"AppExchange"的程序商店以丰富用户选择；2007年推出了PaaS平台Force.com，使得用户能够更方便地在Salesforce平台上开发在线应用。2015年，AppExchange上累计有2700款App可供下载，实现近300万次的安装，平台和其他业务实现7.45亿美元的收入，占当年营业收入的14%。

SaaS 市场趋势 3：更加智能化的体验。人工智能、机器学习等新兴热点技术未来会率先应用到 SaaS 相对成熟的细分市场，为企业级客户提供更加智能化的客户体验，运用数据、通过智能的方式连接客户、产品和资产。

SaaS 市场趋势 4：中小型企业依旧是主要战场。由于中小型企业流程化、规范化水平相比大型集团型企业低一些（根据 36 氪数据，中小企业信息化程度仅有 10% 左右），且受到成本和效率等方面的制约较大，对 SaaS 产品的接受程度远远要高于大型企业。因此，未来 3~5 年，中小型企业依旧是 SaaS 产业的主要需求市场。

CHAPTER II

The Regeneration of Human Resource

人力资源信息化理论剖析

| 第一节 |
人力资源信息化的内涵及作用

一、eHR 的内涵及作用

20 世纪 90 年代，人力资源管理信息化起源于西方，随后传入我国。早期，信息化技术在西方国家从诞生到经历了 30 年的发展，由于技术人员和管理人员很多方面地大胆探索应用信息化手段与信息技术，累积了相关经验，使信息化在企业管理方面的应用更加得心应手，伴随着当时兴起的电子商务热潮席卷了几乎所有的西方发达国家，在商业模式、企业经营管理等方面产生了颠覆性的革命。而人力资源管理是企业管理中最核心、最紧要的一环，紧跟时代的革命是无可避免的选择。因此，学术界对人力资源管理信息化的关注点越来越高，加大了科研的投入，逐渐丰富和发展人力资源管理信息化的内涵。

现在大众所理解的 eHR，即是电子人力资源管理，是建立在先进的信息和互联网技术基础上的一种全新的人力资源管理模式，它的目的在于降低企业成本、提高工作效率、改进员工服务模式。企业引入 eHR 可以减少人力资源行政的支出、优化人力资源管理流程、改善人力资源管理部门的服务质量、提供决策支持、帮助企业实现向战略性人力资源管理的转变。

国外学者认为 eHR 中的 "e" 包含三个方面的意思，第一个是指 "Electronic"，表示 eHR 是信息化、电子化的；第二个是指 "Effectively"，表示 eHR 将使得工作变得高效；第三个是指 "Employee"，表示的是它的使用范围是所有的员工，也体现了全面人力资源管理的思想。

通过以上解释说明，我们可以理解 eHR 是基于网络化、电子化的一种管理工具，它将人力资源管理的主体思想都包括在内，可以使我们企业的人力资源管理工作变得更加高效。但是，eHR 对于管理的含义远不止我们目前所认识的，下面是不同学者对 eHR 的内涵和作用的描述。

（1）加里·德斯勒：从企业管理层面、决策者的层面重新审视了企业人力资源管理信息化。他指出，人力资源管理信息化本身是人力资源管理活动的决策过程，信息化通过对企业人力资源的管理收集、处理、归纳、分析、发布相关信息，为企业组织和公司人力资源活动的协调、控制、分析、反馈等提供支持。

（2）史蒂夫·莫里茨：美国学者 Steve Moritz 对企业的人力资源管理与信息化的结合给出了自己的阐述。他认为，人力资源管理信息化是信息化的技术与人力资源管理整合的结果，是人力资源管理和服务、语音影像互动服务、网络服务应用与程序应用、个人自助支持系统等多项信息技术的集合。信息技术作为一种技术手段扩充了人力资源管理的渠道、途径，给予人力资源管理者更多的选择与发挥空间。因此，信息化技术的应用可以给企业人力资源管理水平带来进步。

（3）朱勇国：以先进的信息技术为手段，以软件系统为平台，实现低成本、高效率、全员共同参与的管理过程，实现人力资源管理战略地位的全面提升，是开放的人力资源管理模式研究。[1]

---

[1] 朱勇国:《信息化人力资源管理》，北京：中国劳动社会保障出版社，2006。

(4)亚瑟·W.小舍曼等：以信息化系统为基础对人力资源管理进行了研究，扩展了人力资源管理信息化系统的组成。他们指出，人力资源管理信息化系统已经远远地超出人们在传统认知上存储处理这些系统的流程，而扩展到人力资源需求的预测、人力资源报表报告的编制、人力资源工作的规划、员工个人职业生涯规划和评估企业人力资源政策等方面。[①]

(5)郑大奇：从人力资源管理信息化的作用角度进行了研究，他认为人力资源管理的信息化可以使得企业从事人力资源管理的员工摆脱传统的行政性、事务性、重复性的工作桎梏，可以将更多的实践投入战略性和扩展性的工作之中，并且通过人力资源信息化管理全面整合企业内外部资源，是一种包括"电子商务""互联网""人力资源管理业务流程优化""以客户为导向""全面人力资源管理"等核心思想在内的新型人力资源管理模式。它利用各种手段和技术，实现全员参与管理的人力资源理念变革，包含了一些核心的人力资源管理业务功能，代表了人力资源管理的未来发展方向。[②]

综合上述定义，结合人力资源信息化的发展与当前企业的信息化现状，本书认为：

人力资源信息化是利用信息技术、网络、数据库等技术结合现代人力资源的思想与管理，让人力资源工作提高效率、降低成本、节约时间，全方位提升人力资源管理的发展规划。人力资源信息化融合了全员参与人力资源管理的思想，在提高人力资源管理工作效率的同时，也改变了人力资源的服务模式，它不仅是一种管理工具，更是一种管理思想和系统的人力资源解决方案。

---

① 亚瑟·W.小舍曼等：《人力资源管理（第十一版）》，大连：东北财经大学出版社，2001。

② 郑大奇：《人力资源管理实战258问》，北京：企业管理出版社，2007。

二、人力资源信息化的本质

20世纪末竞相涌现的eHR系统涵盖了人力资源工作的各大模块，力求通过系统来管理人力资源数据，如薪资福利数据、员工信息档案等。这些系统的出现和发展，从根本上来说都是为了提高HR的工作效率，将以往手工完成的人事基础工作交给系统完成。

在营销时代，异军突起的在线服务工具伴随着人力资源服务的快速发展而成长，它的出现是为了解决线下服务效率低下的问题。以"互联网+社保"为例，在传统的人力资源服务中，从企业提出社保代理需求到与社保代理机构洽谈、比较确定合同、提供员工信息等，至少需要一个月的时间。而信息化则将这一流程简化为付费购买—提交缴费清单—获得反馈三个步骤。它出现的根本原因在于将线下的复杂流程和沟通简化为标准的线上系统流程，提高效率。

互联网时代，HR SaaS系统的崛起则解决了传统eHR系统臃肿不灵活、实际无法提高效率的痛点，同时也解决了在线服务工具实际功能价值不高的问题，它的出现是从根本上适应企业人力资源从业者提高工作效率的需求。HR SaaS系统不仅是一个工具，也是承载系统功能的集合，更是企业人力资源管理经验及方法的实现平台。随着人工智能、区块链、云计算、大数据、物联网的发展，信息化对企业管理的驱动力、引领作用、数字资产化的作用越来越明显，而HR SaaS系统是数据资产化的载体，能推动信息化、大数据与企业管理的深度融合。同时，HR SaaS系统的一站式人力资源解决方案，也能极大地支持企业HR三支柱模式的运营。

HR的三支柱概念是由Dave Ulrich于1996年提出，大概于2001、2002年引入中国。HR三支柱模型即COE（专家中心）、HRBP（人力资源业务伙伴）和SSC（共享服务中心），以三支柱为支撑的人力资源体系源于公司战略、服务于公司业务，其核心理念是通过组织能力再造，让 HR 更好地为组织创造价值。HR 三支柱本质上是企业人力资源组织和管控模式上的创新，同时也是一个高绩效的人力资源管理系统，它通过再造组织能力，让人力资源管理为组织创造价值增值、达成成果。

从人力资源信息化的发展历程来看，人力资源信息化的本质在于，将系统能完成的工作交给系统，解放人的生产力。这也是人力资源信息化诞生的根本原因，是其持续发展的不竭动力。

| 第二节 |
人力资源信息化当前存在的问题

我国的人力资源管理信息化经过数十年的探索与实践，取得了一些成效，但距人们的期盼和要求仍有很大的距离，主要体现在以下几方面。

一、理论和应用匮乏，标准体系不完善不规范

现有关于企业人力资源信息化的理论和应用仍然比较匮乏，因此核心指导思想也是无序的，当前的大部分人力资源信息化系统仅能从功能点堆砌，而并不能真正地帮助企业提高管理能力和效率、管控用工风险，在真正意义上帮助 HR 提高工作效率。

同时，缺少信息传递标准和业务流程标准也是我国人力资源管理信息化一直面临的重大问题。标准体系不完善、不规范、导致了信息内容的收集、存储、加工、传播和再利用的流程难以实践。

二、功能简陋、缺少核心技术

人力资源资源信息化系统市场呈现火爆的发展趋势，五花八门的开发商和商品使真正有需求的管理者难以抉择，由于市场爆满，一些不良人力资源管理应用软件的厂商在技术上互相抄袭、功能设计简陋，缺少成熟的应用平台和解决方案，呈现出低水平的重复开发和恶性竞争的格局。

买卖双方在签订合同付款后，在之后的系统实施过程中卖方往往存在敷衍了事，系统功能无法实现用户预期目标等问题。

三、缺少科学、有效的业务管理模型

人力资源管理信息化在我国的应用还处于起步阶段，人力资源管理方式与信息化管理模式匹配相对而言还处于不平衡的状态。第一，人力资源管理目前只是理论性的表述，并没有真正地形成可执行、结构化、可视化的管理体系；第二，标准化的管理方式没有被大众所接受；第三，企业的管理者受传统的人力资源管理方式束缚，难以适应信息共享、流程协作、集团管控、精确管理、集成服务等典型的信息化管理模式。

就拿最基础的员工信息管理来说，大部分企业还采用简单的一张 Excel 报表管理员工信息。员工信息作为员工在一家公司任职开始到工作周期结束的凭证，它存在的必然性不言而喻，然而员工的信息管理并不是一张简单的 Excel 人事报表就可以完全呈现。除此之外，目前市面上大部分信息化工具在导入原始数据时很容易造成信息不完整的情况，例如员工的花名册信息缺失、员工异动信息缺失（转正、任职、培训、奖惩记录等）；数据的补充难度大，基本信息、异动记录、培训记录等，各种数据的多样分类管理也比较困难。

数据的流动不畅，也带来了信息化工具在易用性和成本两个方面的问题：如果在每个需要使用数据的环节都对数据进行重新整理和录入，必然会给使用者带来很大的工作量，并会因为这些重复性的工作支付大量的人工成本。例如，同样是员工数据，在给员工购买商业保险时，需要根据保险公司提供的模板进行一遍数据整理；在制作工装时，又需要根据供应商的模板再次整理……

数据能够在各个环节有效地共享和流动，将会给人力资源管理工作带来极大的便利性，这也是信息化工具所应具备的能力。

四、缺少有效的系统建设与应用模式

目前，我国的人力资源管理信息化系统还处于不成熟的阶段，比如考勤管理、绩效管理、薪酬管理、企业数据、人事仪表盘等功能设计难度大，所以主流的方式有两种，一种是标准化产品，另一种是定制化产品，通常采用项目跟进的方式进行开发。标准化的产品从产品经理的设计到程序开发的过程中，制造者都需要考虑产品能否适应广大人群的需求，在我国人力资源管理不怎么规范的情况下，还难以满足其他的个性需求。而定制化的产品需要投入的资金大、耗时长、需求多、软件开发和测试都存在不可控的问题。

因此，参考国外先进的 SOA、SaaS 等先进的系统开发建设模式和成熟的应用模式，探索适应国内人力资源管理现状、能够快速随需满足应用需求的成熟的应用技术平台和应用模式，成为促进人力资源管理信息化持续、健康发展的关键因素。[1]

---

[1]《人力资源管理信息化的现状与前景》，https://wenku.baidu.com/view/6960621e10a6f524ccbf8595.html，引用日期：2018-09-13。

五、运维服务的大环境仍未形成

若想要产品能够持续发展、得到受众群体的认可,就必须保证系统的正常运行以及维护。

而现阶段我国很多管理软件的普遍做法是,先给企业做一个快照,了解企业的人员规模、发展阶段、管理水平、管理诉求等,再根据这些因素给企业客户定制一个管理软件,然后帮企业量体裁衣式地配置好。

但企业在不断成长的时候,这件衣服却无法跟随成长。当企业刚开始使用这类定制软件时,当前的诉求可以及时得到解决,用着很合拍,但是随着企业的成长,在管理中就会逐渐出现其他诉求,而厂家的系统往往存在灵活性低、扩展性差的问题,无法满足企业的新需求。

对于企业来讲,投入大量资源定制了一款系统,用着比较满意的时间往往只有一年,等用到三五年的时候,系统不仅帮不了企业的管理,甚至还会限制企业的发展,这时候就只能弃用该系统,再高价换一款新系统。

我国现有的人力资源信息化管理系统普遍都存软件更新难、系统难以跟随企业成长而成长等问题,严重影响着系统的应用成效和生命周期。而定制化产品则缺少可复用性、可维护性、产品功能也相对封闭——要知道对于提供产品的开发商而言,维护是一件非常头痛的工作。而企业真正需要的是可以伴随企业成长、能同时满足企业不同发展阶段需求的产品,目前市面上已经出现了类似的 SaaS 系统,比如"2 号人事部",在企业多个发展阶段都可以应用,并且在使用的过程中不仅不会限制企业的发展,还会一步步更加符合企业的诉求,帮助企业进行更好的管理。

六、缺乏员工自助服务

员工自助服务是指员工通过信息化系统,实现自己对相关人力资源事宜的处理的一项服务功能。而在现有的人力资源管理系统中,员工仍处于被管理的状态，而且是非自助服务状态。

大家都知道，人力资源信息化工具是为了方便 HR 管理企业员工、提高工作效率的时代产品。我们试着反过来思考下，如果员工也能使用人力资源信息化工具，那会是怎样的一个场景呢？员工能随时查看自己的考勤状态，迟到、加班、时间等一目了然。联系同事无须麻烦他人，按照组织架构查看通讯录即可。提交的审批是否通过可随时跟踪、催办、审核等全部在线完成。任何的工作都是双方融合的结果，HR 的工作主题始终围绕着员工，如果没有员工端让员工实现自助服务的话，那么 HR 只是单方面地处理工作，效率提升的意义也就事倍功半。

| 第三节 |
信息化是人力资源行业发展的必然趋势

一、企业 HR 信息化使用工具比例

1. 不同规模企业 HR 使用信息化工具比例

图 2-1　不同规模企业 HR 使用信息化工具比例

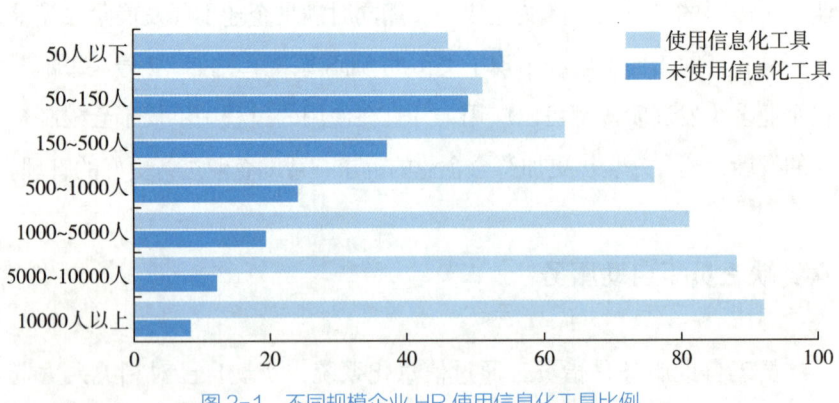

表 2-1　不同规模企业 HR 使用信息化工具比例

行业规模	使用信息化工具	未使用信息化工具
50 人以下	46%	54%
50~150 人	51%	49%
150~500 人	63%	37%
500~1000 人	76%	24%
1000~5000 人	81%	19%
5000~10000 人	88%	12%
10000 人以上	92%	8%
平均	47%	53%

从数据来看，规模越大的企业使用信息化工具的比例越大，万人以上公司使用信息化工具的比例为 92%，人数最少的 50 人以下企业也占到了近一半。

信息化工具将越来越多地成为人力资源管理的必备工具。在未来，不懂得信息化管理工具的 HR 从业者势必会被快速发展的人力资源行业所淘汰。要想在这个时代站稳脚跟并更有竞争力，对信息化管理工具的掌握是极为重要的一环。

二、HR 对信息化工具的需求比

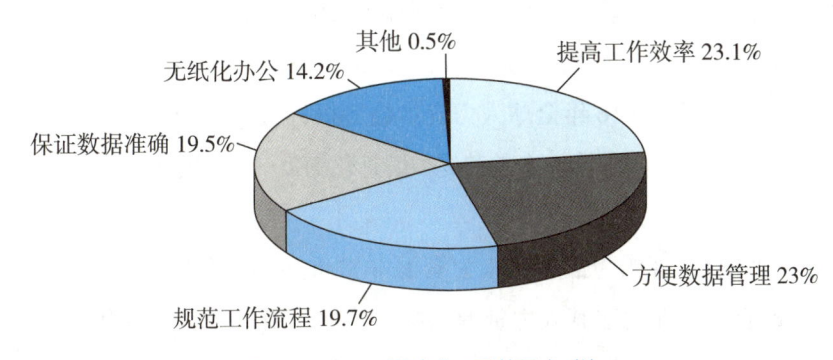

图 2-2　HR 对信息化工具的需求对比

更多的 HR 希望人力资源信息化管理工具帮助自己解决的最重要的问题，是方便数据管理与提高工作效率，两项之和近 50%。这与让 HR 花费时间最多的工作有高度关联。上述数据显示，最让 HR 花时间的就是"考勤、报表制作、数据统计分析、档案管理"等事件。而 HR 从业者对人力资源信息化管理工具的需求也充分反映了 HR 真正的心声：提高效率、数据管理的方便快捷与准确。

三、全球信息化趋势

世界著名咨询公司德勤从 2013 年开始，每年 3 月发布一份人力资本发展趋势报告，覆盖面一年比一年广，人力资源信息化趋势也越来越明显。该报告是全球规模最大的关于人才、领导力、人力资源挑战和准备度的研究之一。

2015 年 3 月，调研了全球 106 个国家超过 3300 位人力资源或商业部门领袖后，德勤发布了《2015 年全球人力资本趋势报告》，报告中提到了人力资源部门的变革再造、数据战略、工作简化和现代自动化。这些无一例外地需要依赖信息化技术支撑，其中包括移动应用、社交软件、数据分析、人工智能等技术。

2015 年 10 月，德勤发布的《HR 技术 2016，十大颠覆性趋势已然到来》中提到移动 App 将是一种全新的 HR 平台。

2016 年 3 月，德勤在调查了全球 130 个国家 7000 多家企业的基础上，推出了《2016 年全球人力资本趋势报告》，揭示了 2016 年十大人力资本趋势，其中第 9 个趋势是：信息化 HR——颠覆性变革，而非缓慢演化。

74% 的高管认为信息化人力资源非常重要，这个趋势发展迅速：42% 的企业正在改造其人力资源系统，使之适用于移动终端设备的实时学习；59% 的企业正在开发能够整合后勤系统、便于员工使用的移动应用；51% 的企业正在利用外部社交网络平台进行招聘和员工档案的管理。

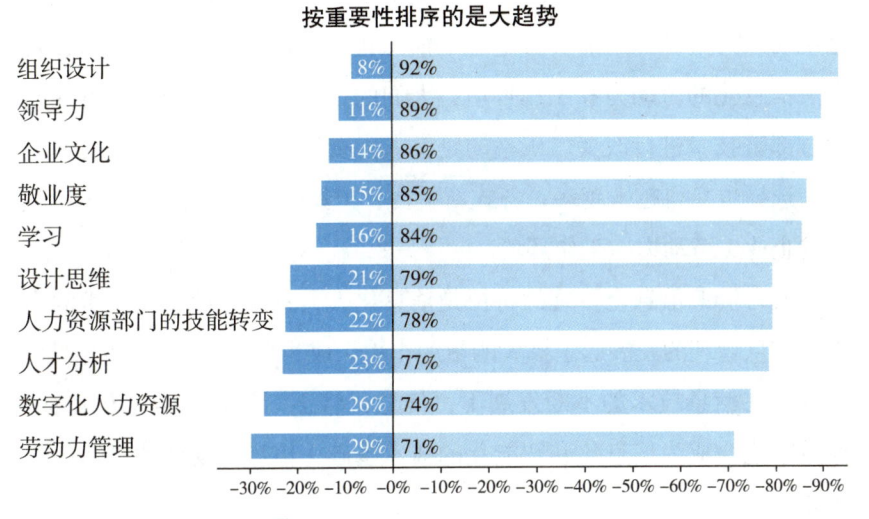

按重要性排序的是大趋势

项目	相对重要-不重要	非常重要-重要
组织设计	8%	92%
领导力	11%	89%
企业文化	14%	86%
敬业度	15%	85%
学习	16%	84%
设计思维	21%	79%
人力资源部门的技能转变	22%	78%
人才分析	23%	77%
数字化人力资源	26%	74%
劳动力管理	29%	71%

图 2-3　德勤管理咨询第四份年度报告
《2016 全球人力资本趋势报告——新兴组织：因设计而不同》

报告指出，HR 如何帮助组织管理者和员工建立"信息化思维"、如何彻底变革人力资源管理的流程和系统，并帮助组织采用新型信息化平台应用软件以及交付方式，是当下人力资源管理的两大重要挑战。

大量事实证明，技术正以前所未有的速度向前发展。包括人工智能（AI）、移动平台、传感器和社会协作系统等技术在内，这些技术正在不断颠覆人们的生活、工作和沟通方式，给个人和社会造成很大冲击。据有关调查显示，员工和企业也正经受着前所未有的压力。

2017 年 3 月，德勤发布了其第五份年度报告《2017 全球人力资本趋势报告——改写数字时代的规则》，这个调研报告共有来自 140 个国家的超过 1 万名业务领导和人力资源部门领导参加。报告总结了十大人力资本发展趋势，其中第七个趋势是信息化人力资源，即：平台、人才和工作。

在企业信息化进程中，人力资源必须成为信息化企业里的领导者。这说明人力资源部门需要打造一个信息化的管理平台，与此同时还要发展信息化的劳动力和工作环境，人们的工作方式与打交道的方式则通过部署技术进行改变。庆幸的是，人力资源信息化的未来越发明朗了，选择也变得越来越多，各式新平台、工具的出现，造就了21世纪新的企业、劳动力、工作环境。

人力资源信息化管理的特征是信息化人力资源。信息化技术的出现对信息管理的发展起了极大的帮助作用，成为现代信息技术的主流。未来，在信息技术的不断发展下，信息化将逐渐呈现出数字化特征；而数字化会成为信息化和智能化的技术基础，信息化发展的必然趋势则是智能化。

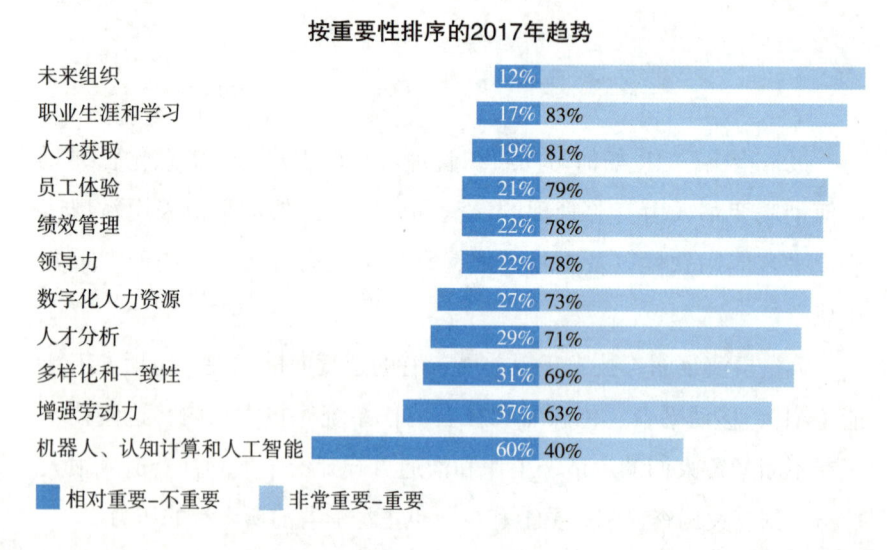

按重要性排序的2017年趋势

类别	相对重要-不重要	非常重要-重要
未来组织	12%	
职业生涯和学习	17%	83%
人才获取	19%	81%
员工体验	21%	79%
绩效管理	22%	78%
领导力	22%	78%
数字化人力资源	27%	73%
人才分析	29%	71%
多样化和一致性	31%	69%
增强劳动力	37%	63%
机器人、认知计算和人工智能	60%	40%

图2-4 德勤管理咨询第五份年度报告
《2017全球人力资本趋势报告——改写数字时代的规则》

| 第四节 |
中国企业人力资源信息化的未来八大趋势

趋势一：一切应用皆公有云

20世纪90年代初，国内产生了人力资源的概念。我国的人力资源发展到今天，每家企业的人力资源部门或多或少都用过一些人力资源系统和平台。这些系统表面上让人力资源管理工作更加专业智能，但在很多中小企业看来，人力资源系统有相当大的一部分工作都是徒劳的，没有给公司带来任何实质性的收益。

德勤在2016年做了一个调查，"你希望如何升级你现在HR系统？"66%的企业选择通过基于云的系统替换现在的HR系统。比起自主开发组建的系统，公有云的价格低廉、系统稳定、更新快、使用便利，得到了许多企业的认可。

趋势二：一切应用皆在元数据

元数据（Metadata）又称中介数据、中继数据，为描述数据的数据，当企业的应用快速发生变化的时候，只需要更改元数据即可，而不需要工程师修改代码和业务逻辑。提供强大的元数据也是PaaS平台的核心能力之一，它将使系统应用可以敏捷响应业务的变化和调整。①

---

① 《传统eHR将被敏捷赋能的新一代HR SaaS取代》，http://www.sohu.com/a/142820516_606023，引用日期：2018-09-13。

趋势三：从以 HR 为中心转向以员工为中心

"员工就是企业资本"的概念是当代人力资源管理发展的大趋势，人力资源管理者制定的各种奖励机制、员工关怀、福利的目的都是为企业留住人。这种管理强调以人为中心，更加关注员工的心理诉求，"以员工为中心"被融入到管理员工的工作中，注重员工的工作体验感，贯穿了员工从招聘开始，到入职、员工管理、考勤、薪酬等在企业工作的全生命周期。

影响员工整体体验的因素除了包括有意义的工作、清晰的目标、有竞争力的薪酬、清晰的职业发展、领导的关注认可、愉快的工作沟通氛围，还包括员工健康，以及工作生活的良好平衡。不仅要有良好的体验设计，同时要让这种体验通过移动端简单便捷的获取和使用。员工通过自助平台或者移动端，就能够完成各种人力资源业务的在线参与，并实现第三方商业保险、健康体检、企业内互助等服务的使用。只有更好的人力资源服务和整体体验，才能让员工更加投入和高效地为企业创造价值和财富。

趋势四：移动化、社交化在企业应用中越来越广泛

基于钉钉与企业微信以及厂商提供的多种 App 移动应用模式，目前，移动办公已成为标准应用。通过社交化解决企业协同办公的情景模式，采用 Feed 流，HR 与员工、经理三者之间可随时基于话题、一个业务、一个分析结果在线沟通协作，企业员工间的协作体验得到了极大改善，这在以前人力资源系统只是 HR 部门级应用的情境下是难以想象的。

信息化是时代的进步，也是企业发展的趋势，它能让企业管理者提高效率、降低用工成本。同时，信息化工具的实践应用也没有众人

想象的那样神秘，任何一名员工都能接触到信息化的工具，人力资源信息化工具通过员工自助服务让HR与每位员工进行"对话"，员工考勤、公告、审批等由员工自动发起，加强了用户黏性，员工使用门槛低、体验效果好。

趋势五：从注重管控和考核转变为员工激励、培养与发展

过去，人力资源管理员工的办法主要是看绩效考核，员工都被制定得非常严格的KPI折磨着，所承受的压力苦不堪言，又怎么谈自我驱动力呢？今天，人力资源管理的核心是奖励机制，让员工发挥更大的主观能动性，激发更大的潜力。通过人才盘点，构建企业高潜人才池，并制订不同群体的发展计划（IDP）。信息系统通过人才画像和人才识别技术，构建企业完整人才档案、保证企业人才供应，企业随时可以找到所需要的内外部人才。

趋势六：极速实现信息化

SaaS提供了一种新颖的软件交付和用户使用的方式，具有按需租用、无须用户维护、便于扩展等特征。

SaaS提供商为企业搭建信息化所需要的所有网络基础设施及软件、硬件运作平台，并提供所有前期的实施、后期的维护等一系列服务，企业无须购买软硬件、建设机房、招聘IT人员，即可通过互联网使用信息系统。就像打开自来水龙头就能用水一样，企业可根据实际需要，向SaaS提供商租赁软件服务。

CHAPTER III

The
Regeneration of
Human
Resource

人力资源信息化
工具的演变

企业经过工业时代、营销时代、互联网+时代的发展，其人力资源管理也由传统人力资源管理转型至人力资本管理，亟须通过互联网技术进行深层次的管理效率提高。伴随着企业人力资源管理的需求不断发生变化，企业的信息化也随之改变，分三个阶段不断演变发展：传统本地管理系统、在线服务系统、人力资源 SaaS 工具。

经济市场化和互联网技术的快速发展，促使企业对信息化建设愈来愈重视，高层管理人员也越来越意识到人力资源管理系统的重要性，并期望通过使用信息化手段来规范人力资源部门的业务流程，集中人力资源管理信息、提高人力资源管理的透明度、提高人力资源管理的效率。本章将对人力资源信息化工具的演变和发展进行介绍。

| 第一节 |
信息化工具演变的三个阶段

一、工业化思维促生的传统本地管理系统

工业化时代是通过大规模的生产、传播、销售来满足消费者的需求的，工业化思维要求的是标准化、规范化、规模化、可控性和可测试性。在传统工业化思维影响下，ERP（含 HR 模块）及各类本地化

部署的大型 ERP 软件涌现，其特征是功能复杂、覆盖模块多、成本高昂。

企业资源计划，即 ERP，由美国 Gartner Group 公司于 1990 年提出，是指建立在信息技术基础上、集信息技术与先进管理思想于一身的，以系统化的管理思想为企业员工及决策层提供决策手段的管理平台，是针对物资资源管理（物流）、人力资源管理（人流）、财务资源管理（财流）、信息资源管理（信息流）集成一体化的企业管理软件。

eHR 属于 ERP 的其中一个功能模块。eHR，即电子人力资源管理，是基于先进的信息和互联网技术的全新人力资源管理模式，它可以达到降低成本、提高效率、改进员工服务模式的目的[①]。

表 3-1　传统本地管理 ERP 系统（含 HR 模块）介绍

解决方案	ERP 系统包括以下主要功能：供应链管理、销售与市场管理、分销、客户服务、财务管理、制造管理、库存管理、工厂与设备维护、人力资源管理、报表、制造执行系统、工作流服务和企业信息系统等。此外，还包括金融投资管理、质量管理、运输管理、项目管理、法规与标准和过程控制等补充功能 eHR（电子人力资源管理）属于 ERP 的其中一个模块，这一阶段 eHR 的软件，主要功能集中在人力资源信息的采集和维护等功能上，软件中的主要模块大多是人事信息管理、考勤、薪资计算、福利管理等。
主要目的	ERP 系统（含 HR 模块）各个功能模块将传统的纸质档案转为电子档案，将庞杂的纸质资料文件全部人工录入系统，转化为电子信息，方便企业监管（销售流程/过程/资源/业绩、出库入库记录/库存预警/数据、生产进度跟踪/产品质检的流程、人力资源基础信息等）。

---

① 刘东华：《供应链管理：企业资源规划系统》，西南交通大学出版社，2007。

续表

用户群体	具备一定的规模、管理存在瓶颈、对 ERP 有一定潜在需求，并已初步进行信息化的企业（在中国的特点就是开始采用财务软件）。
时间	ERP 系统（含 HR 模块）的实施一般分为三个阶段：系统培训阶段、系统试运行阶段、系统上线阶段，一般企业少则需要一个月、多则半年及以上。
优势	大而全； 解决纸质资料易丢失管理和查阅困难的问题； 实现管理层对信息的查询。
劣势	使用复杂烦琐，人为系统服务，工作量反而增加了（纸质信息和电子信息都要）； 价格昂贵； 需要专业人员部署和培训； 需要安装到本地（为了完成相关人事行政工作，电脑需安装多个软件）。
企业服务	仅以软件和线下服务为主。
成本	一次性支付定制等费用，一般在 20 万元以上； 之后每年需支付 1 万元以上的维护费用。
件简易程	本地部署大型软件，管理复杂。

然而，由于传统 ERP（含 HR 模块）系统本身具有严格的内部控制功能，主要用于改善企业业务流程，因此实施成功率低。据相关资料统计表明，ERP 的实施成功率只有 10%~20%。

二、在线服务思维催生的在线服务系统

从工业时代到信息时代，技术不断推动着人类创造新世界的力量。信息时代带来了在线服务思维，由此衍生出的在线服务系统披着互联网的外衣，核心仍在于人力资源服务，并不能解决综合管理难题。

表 3-2　在线服务系统

	在线服务系统，指针对系统用户的、可提供在线服务的一种系统。
解决方案	人力资源在线服务系统可覆盖人力资源的多个模块，包括互联网＋招聘、互联网＋培训、互联网＋社保、互联网＋背景调查，互联网＋人才测评等； 互联网＋社保——提供社保专家服务、在线客服、社保查询、信息提醒，以及薪酬管理、商业保险、人事管理及福利商城等一站式人力资源在线管理服务； 互联网＋背景调查——提供专业、严谨、高效、高性价比的员工雇前背景调查服务。
解决的问题/主要目的	用户在线提交社保、背景调查等人力资源需求需求，服务商在线处理。
用户群体	大、中、小型企业。
实施时间	在线受理，一般 1~3 个工作日即可受理。
优势	线上提交服务需求，无须线下沟通； 云系统，不需要本地部署，操作简单。
劣势	软件功能比较单一，无法解决企业 HR 的管理问题； 软件功能辅助于服务而存在； 部分企业客户为线下业务客服或销售，对产品功能的需求不甚了解，用户使用遇到问题时也很难获得帮助。
企业服务	仅提供软件单一功能服务。
成本	不同的产品类型价格不同，按使用员工数付费。

三、互联网思维催生的人力资源 SaaS 管理工具

互联网思维，就是在互联网＋、大数据、云计算等科技不断发展的背景下，对市场、用户、产品、企业价值链乃至对整个商业生态进行重新审视的思考方式。

随着互联网的出现与发展，SaaS 领域也充满想象力。

SaaS 是依据企业管理和 HR 工作场景而设计的，也可以理解为付费的云软件，而 HR Saas 是基于 Saas 模式的人力资源管理系统。它将以往本地部署的大型软件实现云端化，企业按需租赁，无须下载、更新、维护软件，灵活度高、扩展性强。

表 3-3　人力资源 SaaS 系统

概念/内涵	一种通过 Internet 提供软件的模式，厂商将应用软件统一部署在自己的服务器上，客户可以根据自己实际需求，通过互联网向厂商定购所需的应用软件服务，按定购的服务多少和时间长短向厂商支付费用，并通过互联网获得厂商提供的服务。人力资源 SaaS 系统是基于 SaaS 模式提供的人力资源管理软件。
解决方案	SaaS 系统实现线上系统与线下服务的集成，为企业解决人力资源管理各个模块包括员工管理、组织管理、招聘、考勤、培训、绩效、薪酬、员工自助服务等的难题，并提供各类第三方人力资源服务。
解决的问题/主要目的	云计算极大地提升 HR 工作的效率和准确率； 云服务带来档案管理云端化； 大数据为员工提供个性化的人力资源服务。
用户群体	大、中、小型企业。
实施时间	一周内可完成实施。
优势	自动化解决烦琐的人事工作； 为企业管理规划决策提供科学助力； 使用成本低； 更好的支持：使用 SaaS 时，企业实际是在使用由供应商提供的解决方案，供应商会对自身的 SaaS 产品进行专注的管理和支持。
企业服务	人才测评、员工福利、商业保险、背景调查等常用企业服务，均可在线完成。
成本	按年付费，低成本、方便灵活。
软件简易程度	容易上手、功能模块分类清晰、专业度高。

| 第二节 |
传统本地管理系统 ERP 的出现

本章节将对传统本地管理系统 ERP 中的 HR 模块在"企业概况"以及"HR 模块特点"两方面的应用情况进行介绍。

一、国内 ERP 系统

1. ERP 系统 A

A 公司目前开发的各种软件被运用在工程、电力、电信、房地产、工厂设计等行业。

HR 模块特点

ERP 系统 A 汇集了国内外成功企业先进的人力资源管理理念、人力资源管理实践、人力资源信息化系统建设的宝贵经验,用先进的信息技术来实现对人力资源信息的高度集成化管理。

系统的 HR 模块基于企业人力资源管理需求的不同阶段、单体企业与集团企业人力资源管理的不同模式,有针对性地开发了易用性强劲的 Express 版、标准版、集团版三款产品。

Express 版本能够完成人力资源日常管理所必需的工作,方便快捷地处理日常事务性工作,记录日常工作信息、简化了工作量,大大提高了人力资源管理工作的效率。

标准版除具备 Express 版的全部功能外,还涵盖了人力资源管理的全部过程,从战略、管控、流程驱动、事务等四个层面全面支持企业人力资源管理信息化建设。具体包括组织管理、HR 信息中心/人事管理、招聘管理、薪酬管理、福利管理、时间管理、培训发展、绩效管理和动态报表等多个功能系统。

集团版在标准版功能实现的基础上,深度强化了战略管控、人员管控、流程驱动的功能，集成了人力资源门户、工作流、BI 等产品，以适应集团人力资源管理模式的需要。它实现了由分散管理迈向集团管控的转变，由"信息孤岛""应用孤岛""资源孤岛"和日常运作上的支离破碎转变成协同业务运作，实现资源效益最大化。

系统基于浏览器搭建，用户只需要在服务器端安装系统，企业内部各类人员就可以通过内部网访问，实现人力资源的全员管理。[①]

2. ERP 系统 B

B 公司是国内一家大型 ERP、人力资源管理等应用解决方案提供商。

HR 模块特点

B 公司在财务系统、ERP 系统领域都占有优势，这也为其 ERP 系统的 HR 模块的市场推广提供了一个良好的平台。其 HR 模块可以基于 ERP 的财务系统及其他系统进行数据整合，接口丰富，也可以为后期的升级和二次开发服务。

系统的 HR 模块拥有良好的人力资源解决方案，具备良好的开放性、拓展性和可集成性，对于已使用 B 公司财务系统或 ERP 系统的大型集团企业，可以评估系统的 HR 模块实施的适用性。

二、国外 ERP 系统

ERP 系统 C

C 公司是全球最大的企业管理和协同化商务解决方案供应商，财富 500 强中 80% 以上的企业都正在从其管理方案中获益。

HR 模块特点

在战略管理层面，系统的 HR 模块支持员工的招聘、系统部署、人

---

① 甘露润：《基于价值的 e-hr 系统实施过程与实施方法研究》，吉林：吉林大学管理学院，2009。

力资源潜力开发、人员激励、留用和培养有价值的员工等流程，并能根据企业实际人力资源情况对这些流程进行改善。由此可见，该系统把人力资源管理上升到了战略管理的高度，着重实现人力资源管理的价值。

在功能层面上，该系统能够体现人力资源的价值，并且量化人力作用，将人员作为一项资源来进行调配。例如，它可以对企业的个人和团队的绩效进行评估、管控和奖励，也能实现员工经验、能力与业绩目标进行匹配，以优化人员安排，实现组织业绩目标。

系统的 HR 模块还具备以下突出的特点。

①人才管理：支持从招聘、员工入职，到人才的留用的管理，并为此提供创新支持。

②最终用户的服务交互：实现员工自助服务，让员工可以随时随地查看个人信息和企业通知。

③人员培训与发展：为员工做好科学的培训计划、职业生涯规划、发展晋升通道。

④薪资计算：能根据 50 多个国家的规章制度要求开具工资单。

⑤排班管理已经做到非常完善的程度，这得益于其针对制造行业的排班进行的深入研究和学习，排班管理优势尤其突出。

⑥劳动力管理：可以实现对关键劳动力的流程进行有针对性的管理，提高管理效率。

C 公司目前已经成为多元化、多组织且集成度较高的 ERP 系统，但并不是所有的企业都适用。该系统 HR 模块的实施及推行要求企业的业务规模、管理水平、营业额及利润等都要达到一定的级别。

三、国内外 ERP 系统的主要区别

从 20 世纪 90 年代开始，ERP 产品开始进入中国并得到迅速发展，尤其是在软件的性能及服务方面。我国的管理软件公司，在学习、理

解国外 ERP 产品技术的基础上，结合中国企业管理的具体情况，开始探讨并开发出适应中国企业管理要求的 ERP 产品，于是国内 ERP 软件有了快速的发展，适合我国企业特点的 ERP 软件正在被广泛使用。ERP 在我国经历了多年的磨合，在各大企业的管理中占据了一席之位，但是国内外 ERP 软件也存在着不同的区别，详见以下对比表。

表 3-4　国内外 ERP 系统的主要区别

	国　内	国　外
解决的问题	以板块为基础的管理系统，其目的就是精细问题，分层次管理，以求各司其职。 系统可根据功能不同进行板块的划分，可分板块进行售卖；企业能够按照自身需求有选择性地进行板块的购买，在全面预算管理的基础之上解决业务的购买和销售问题，不仅让会计核算和监督有效融合，而且让企业做出合理的经营计划；它在一定程度上降低了企业的投资风险并加强了企业的成本管理。	为了满足客户的需求而设计的流程管理系统，它以规范化一条龙业务流程为中心，采用以提高业务运营效率为目的的系统化方法，对于完善和细化业务操作和提升有关版面的协作效能有显著作用，并且能促使他们不断改进，这是因为，它运用高度集成的方法让各个板块的资源互补，真正地完成了资源的优化配置。 系统内部的功能板块不可以切割，假如某一家企业为了提高自身的信息化水平而选择购买系统，那么它必须购买系统所附带的所有商品，这样才能让企业的所有业务流程链接在一起，也就是说，系统在售卖过程中都是绑定销售。
优势	国内 ERP 软件更符合国情和企业的实际应用，购置和维护费用相对较低，符合中国人的使用习惯。服务的相应质量和速度，更贴切、及时。	有几十年的管理经验，业务流程相对规范。 技术稳定、功能灵活和系统开放性强。

续表

	国 内	国 外
劣势	国内资金规模小，前期投入压力大。 高端用户相对少，如世界500强公司很少采用国内的软件	软件架构以西方发达国家为主设计，软件的购置费和维护费、升级费用比较高。 用户化工作量大，软件文档和资料汉化不彻底。

第三节
在线服务产品的演变

营销时代，企业的生产大于需求，为实现供需平衡，企业必须摒弃以往盲目用人的粗放式人力资源管理。此时企业的核心目的是发展"人"，要提升培养人的能力。

在此背景下，人力资源服务商也由传统的劳务输出转型为帮助企业更好地服务于人和提高人力资源管理效能。人力资源服务商通过互联网技术把传统人力资源服务从线下搬到线上，为企业提供在线服务、帮助企业提高服务效率、更好地满足企业经营管理的需求。

本节将对人力资源服务商在线服务系统的两种典型代表——互联网＋社保、互联网＋背调进行介绍。

一、互联网＋社保

1. 某社保产品介绍

该产品基于企业用工前沿发展趋势，将先进的互联网理念引入人力资源服务，针对不同场景需求、基于企业风险之源——用工关系进行顶层设计，创新设计并推出了一系列综合解决方案服务，进而通过先进的互联网技术和高品质的全直营服务体系。为企业提供一站式综合解决方案。

2. 产品优势

①价格实惠。人们在购买一件产品时售价也是一个考虑的因素，而该产品的性价比具有较强的竞争力。

②复杂政策专业解决。近年来社保政策变化迅速，具有极强的专业性；各个省份发展不平衡，属地政策差异性很大；大多数企业 HR 由于忙于事务性工作，很难做到对政策的长期跟踪与深度研究，遇到问题往往只能通过柜台、官方电话咨询，得到碎片化答案，而难以建立全方位解决方案；由于企业规模小、经历的个案数量少，HR 的视野和经验受限，遇到复杂情况难以快速全面解决。

③控制社保岗位风险。据调查，企业 HR 社保岗几乎没有多人设置，企业内部社保设置专岗的比例已经下降到 50%，更多企业开始采用外包、兼岗等方式；而一个人的社保岗位设置在机制上很难实现操作、监控上的专业分工和科学管理；企业规模小、经历个案数量少、HR 接触业务不全面，更是难以及时获得最新讯息。

④节约成本。企业内部自行设置社保专岗，直接成本包含：工资薪酬、节日福利成本、季度奖、年终奖等；五险一金法定福利成本；个税、工会经费、教育经费、解雇成本、福利费等政策附加成本；培训成本、管理成本等；办公分摊、低值易耗等费用；外勤交通成本等；每年还会有工资等成本的正常上涨。

二、互联网+背景调查

1. 某背调产品介绍

该产品是国内领先的互联网背景调查公司，通过"SaaS + 人工智能+专业服务"的形式为企业提供专业、高效、高性价比的员工雇前背景调查服务。

2. 产品优势

①所得即所需。在任意环节集成背调服务。通过无缝和高效的对接,实现个性化的调查项目定制及结果管理。

②严格保障合规性。规范、安全、可靠的授权机制;美国背景调查协会(NAPBS)成员,遵循国际化规范流程。

③实时快速反馈。领先的 API(Application Programming Interface,应用程序接口)集成技术实现无延迟的结果反馈,第一时间跟进背调状态。

④可靠的安全保障。业界最佳安全技术实践,保护背调过程中的敏感及个人数据安全。

⑤专业团队。专业的背调团队成员为企业的业务成功保驾护航,同时提供直接的技术服务支持咨询。

第四节
SaaS 产品的兴起

本节将对人力资源 Saas 工具的诞生、国内外 SaaS 云服务市场的情况、SaaS 服务特征、人力资源 SaaS 产品进行具体介绍。

一、SaaS 工具的诞生

SaaS 是一种完全创新的软件应用模式,伴随着互联网技术的快速发展以及应用软件的成熟,在 21 世纪兴起。它与按需软件(On-Demand Software)、ASP(Application Service Provider,应用服务提供商），和托管软件（Hosted Software）具有相似的含义。

SaaS 是一种通过 Internet 提供软件的模式。厂商将应用软件统一部署在自己的服务器上，客户根据企业对软件的需求，向 SaaS 厂商订购企业需要的应用软件服务，并且按照需求的服务内容、服务时长向厂商支付费用，最终通过互联网使用厂商提供的 SaaS 服务。SaaS 服务改变了直接购买软件的形式，企业用户只需向 SaaS 厂商租用 Web 软件，即可使用 SaaS 来管理企业的经营活动，使用过程中不需要对软件进行本地部署，也无须花费时间、人力、物力维护软件，因为 SaaS 服务提供商会自行对软件进行管理和维护。

二、国内外 SaaS 云服务市场情况

1. 国内市场

2012 年开始，我国的 SaaS 市场规模一直呈增长状态，2017 年市场规模已达 452 亿元，增长率更是达到 19%。而国内的互联公司也推出了 SaaS 产品，布局云服务全产业链，如阿里巴巴、腾讯等。预计未来我国 SaaS 行业的市场集中度将呈下降趋势。

图 3-1　2017 年国内 SaaS 市场竞争格局

2. 国外市场

在成熟的欧美市场，SaaS 已经成为最流行的企业管理系统部署方式。AMR Research 的调查报告显示：有超过 78% 的企业正在使用 SaaS 服务，只有不足 10% 的企业暂时没有使用 SaaS 的计划。

如今在云服务市场上，AWS（Amazon Web Service，亚马逊）的市场占有率排名稳居首位，根据亚马逊刚刚公布的最新财报数据显示，AWS 云服务 2018 年全年营收达到了 73 亿美元，实现 47% 同比涨幅。作为云计算领域的领头羊，我们看到 AWS 在"跨界"数据库领域也尽显"大哥"风范；传统 IT 界巨头如微软、谷歌、IBM、甲骨文等，也均推出了自己的 SaaS 产品。

三、SaaS 服务特征

SaaS 服务模式与传统许可模式软件有很大的不同，它已经成为未来管理软件的发展趋势。

1.SaaS 服务的一些特征

在费用方面，传统管理软件一般都是在买家一次性支付一笔可观的费用后才能正式启动。而 SaaS 企业用户无须一次性支出大型软件的购买费用，用户只需按所租用的软件模块来进行付费。

在软件的维护方面，SaaS 厂商将软件直接部署在自己的服务器上，无须客户再对服务器硬件、网络安全设备、软件更新升级、软件维护进行额外的支出。企业用户只要有一台电脑、拥有网络环境，甚至有手机 App，就可以进行企业的管理活动，颠覆了传统的服务模式。

2. SaaS 服务模式与传统软件的对比

类似 ERP 的传统应用软件，部署和实施比软件的功能、性能更为重要，一旦部署失败了，那么前期的金钱、人力、物力投入也就几乎白费了，每个企业都不希望冒这样的风险。

SaaS 模式的软件项目部署的时间最多不会超过 90 天，也不需要企业投资软件和硬件，而通常的 ERP、CRM（Customers Relationship Management，客户关系管理）项目的部署周期至少需要一两年甚至更久的时间。

SaaS 模式的软件项目只要可以使用网络，可以不限时间、地点地使用，而传统软件在使用上则会受到使用环境、使用地点的限制。

SaaS 模式的软件项目在软件的更新、服务、数据安全传输方面，相较传统软件而言有很大的优势。

3. SaaS 软件的优点

成本低：对于动辄上百万的传统信息化管理系统软件，以往只有大型公司才有能力采用，而现在中小微企业可借助 SaaS 的方式，一样享受同样的信息化服务。

更新快、自动升级：SaaS 公司有专门的技术团队维护和支持系统，随需应变。以用户为中心：SaaS 是以服务为核心的产品，有专门的客服团队为用户提供服务。

简单易用：无须培训，新手一用就会，有网络、电脑、手机即可使用。功能拓展性高：可不断添加功能、与其他平台无缝对接，如钉钉。[1]

---

[1] 人力资源信息化的趋势，https://www.hrloo.com/lrz/14279274.html，引用日期：2018-01-06。

四、人力资源 SaaS 产品

早在 2016 年底，HRoot 发布的《中国人力资源服务现状》报告就显示：中国人力资源服务业的市场规模将在 2019 年达到 3157 亿人民币，与此同时，人力资源 SaaS 行业的产品也出现了爆发式增长。下面对目前国内外人力资源 SaaS 知名产品进行简单介绍。

1. 国内人力资源 SaaS 产品

2 号人事部：该产品是中国第一款即租即用的 HR 效率软件，通过 SaaS 模式，能够为企业解决员工管理、招聘管理、薪酬社保、考勤打卡、审批、用工风险管控、人事盘点等工作难点，提升 HR 工作效率 500%，使人力资源工作更好、更有效率地展开，也是行业内第一家通过公安部"信息系统安全等级保护"三级备案的产品。

2. 国外人力资源 SaaS 产品

Workday：Workday 成立于 2005 年，企业用户主要为大型跨国集团。2018 财年营收达 28 亿美元，市值超过 420 亿美元。

Zenefits：Zenefits 为中小企业提供免费的一站式云 HR 管理工具，2015 年 5 月 7 日宣布获 5 亿美元 C 轮融资，估值 45 亿美元。

GuideSpark：创立于 2008 年，数字化员工培训资料，将纸质文件变成电子文件，并将这些资料移动化，为人力资源管理人员提供沟通和培训解决方案，估值 2 亿美元。

CHAPTER IV

The Regeneration of Human Resource

企业人力资源信息化
具体问题解析

| 第一节 |
传统管理模式下企业的人力资源管理困境

随着我国企业发展进入新的阶段，人力资源管理方式也在进行相应改变，从而提高企业效率、保证企业发展的可持续性。当前，我国企业人力资源管理方式比较落后，不利于企业人力资源的可持续发展。

一、企业人力资源管理理念陈旧

随着经济的发展以及人力资本结构的变化，人力资源对企业的重要性不言而喻，越来越多的管理者意识到了这个问题。但是，他们的管理理念并没有随着企业战略管理决策的改变而发生变化。

首先，人力资源管理不止于大众所认知的招聘、培训、薪酬、绩效、员工关系等几大模块，人们对它的理解往往太过于简单，并没有真正理解人力资源管理的作用和职能，更没有把它与企业战略决策很好地结合起来，只是简单地将人力资源管理理解为人事管理。随着云计算、大数据时代的来临，一些观念先进的企业通过大数据系统对企业的价值创造过程进行分析，从而更加客观、科学地对企业行为进行决策。

如果企业管理人员继续使用传统上缺乏数据思维的管理方式，就会导致员工归属感下降和越来越多优秀人才的流失，企业也将逐渐失去活力和竞争力。

二、企业人才吸引度下降，留人成了企业大问题

很多中小型企业利用内部培训提升员工专业技能、建设人才梯队，为企业发展保持竞争力，这已成为很多企业人才管理的发展趋势。但是，有相当大的一部分企业，因为内部培训过于形式化、不够科学，在培训的过程中适得其反，造成了人员的流失。随着竞争的加剧，增强企业团队文化，并针对不同员工制定不同的激励制度对企业的发展至关重要。

三、人力资源信息化水平严重不足

随着共享经济、外卖、自由职业等新经济行为的兴起，用工形式呈现越来越复杂的趋势，企业建立人力资源管理系统的需求也越来越迫切。但事实上，我们看到目前人力资源信息化在企业中的普及程度并不高，究其原因，我们可以发现如下几个导致信息化水平不足的问题。

（1）价格。市场上现有的人力资源信息化系统价格从几万到几十万不等，对于大多数中小企业来讲是一笔不小的支出，很多企业在选择信息化系统的过程中，经常因为价格的原因而放弃。

（2）周期。信息化系统实施周期长也导致了企业信息化水平低，很多人以为上一套系统就完事了，其实不然。如果 eHR 系统实施周期过长，就会影响企业资金运作的灵活性，甚至影响其他业务，从而导致 eHR 系统不能适应企业发展的需要，中途中断；或是系统的实施为

了不断满足企业发展的需要，在实施中不断出现新需求，不断中断，形成恶性循环，验收遥遥无期。据调查，我国有 52% 使用 eHR 的企业存在实施周期拖延的问题。

（3）理解程度低，这也是最主要的因素。很多企业对信息化的概念及含义的理解不够到位，对系统的各种功能了解不够透彻，没能真正认识到它的价值，也就不能更好地利用信息化来提高企业人力资源管理的效率。以企业利用 eHR（电子人力资源管理）系统为例。

①由于多数企业的 eHR 系统都是进口的，很多功能不适合我国企业，降低了工作效率。②有些员工因为系统引进的时间不长，不仅没有很好地适应这个系统，还产生了逆反心理，管理人员不能准确地提取数据，影响企业的决策。③还有一些企业本身对 eHR 系统就不很了解，没有意识到其重要性，认为它只是简单的人事资料信息化管理，没有体现 eHR 应有的价值。④政策复杂管理严格，企业风险大。国家的法律法规影响着企业的管理，企业管理者要随时随地关注法律法规的更改，公司的相关政策也要随之修改。信息化工具在防范风险这方面难以管理，稍不留神便会让公司处于违法违规的边缘。⑤人员信息存档率不完整，在发生劳动纠纷时吃亏的永远是企业。员工在提交个人资料时往往会缺这儿缺那儿，HR 每个月都会催交好几遍，时间一长，资料提交这事便不了了之。而且由于职能岗位的员工能直接接触员工的资料，且流失率大，一旦在工作交接时没有做完善，也非常不利于员工资料的管理。

要解决这些问题，就需要企业跟人力资源信息化系统提供商共同努力。对于企业来讲，需要认识到信息化系统的重要性及其对于企业的价值所在，这是企业自身转型升级不可缺少的一步；对于系统提供商来讲，也要根据时代的需求，努力做出顺应时代的、高性价比的信息化管理系统。

四、缺乏专业的人力资源及信息化人才

随着企业人力资源管理越来越重要，企业对 HR 的整体素质也提出了更高的要求。特别是人力资源信息化水平的滞后，使企业对信息化人才的需求更加迫切。很多企业的 HR 尽管很多，但本身素质并不能满足现代企业人力资源管理的需要，HR 多而不精，专业技能不足。很多企业的 HR 都不是科班出身，没有经过系统的人力资源管理教育和学习，只会做一些常规的事务性工作。而现代人力资源管理越来越依赖于数据分析，企业 HR 必须具备数据挖掘和提取分析的能力。

五、员工信息难以掌握，人才数据无法分析

公司对人员信息的管理只是停留在基本信息管理上，大部分公司对员工信息的管理非常"马虎"，除了记录的项目较少以外，HR 没有及时修改员工变更的信息的情况更是常见。由于记录的数量大，HR 对现有数据的完备性无法保证，更别说信息实时共享。

人力资源的信息非常丰富，员工在能力素质、培训发展方面的信息多而分散，难以全面掌握及时更新，而人力资源信息不对称将导致难以人尽其才、才尽其用，人才浪费造成的潜在损失，耗费成本巨大。集团型公司人员规模从几千到上万不等，由于人数多、分布广，HR 难以掌握公司员工的信息。要知道，从招聘工作到薪酬绩效，HR 的工作离不开每一位同事的信息，员工信息掌握不全，很多工作都难以展开。

同时，人才占据主动的职场环境，给企业管理出了一连串难题。现在，80、90 后职场新人是主力，知识型企业也成为时代主角。在这个背景下，职场稳定性明显下降，劳动力市场趋向由人才掌

握主动权。因此，如何快、准、稳地找到人才，并及时发现员工离职趋势、提高员工兴趣理想与企业事业的契合度，就变得尤为重要。

六、招聘渠道及信息难管理，招聘成本居高不下

据统计，负责招聘的 HR 平均每人管理 2~3 个招聘渠道，招聘网站代表有智联招聘、前程无忧、中华英才、中国人才热线等，常年招聘的岗位在 6~8 个左右；碰上"金三银四"这种招聘的旺季，招聘岗位可以多达 15~20 个。一个渠道已经让 HR 应接不暇，多个渠道管理起来真的会手忙脚乱且容易出错。

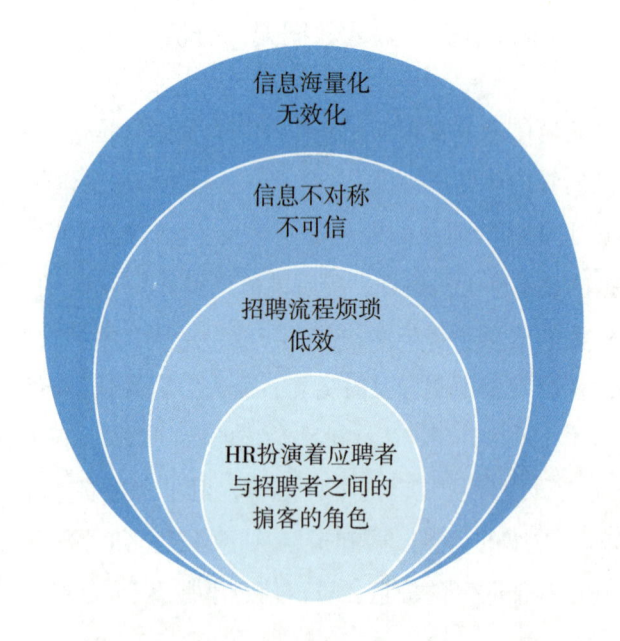

图 4-1　传统在线招聘的 4 大痛点

（1）信息海量化、无效化。"海投"对于求职者而言无疑是一条捷径，但是对于 HR 来说，每天需要审阅海量且无效的简历，极其浪费

时间,也加重了工作成本。

(2)信息不对称、不可信。求职者为了简历的"好看"往往会在简历上弄虚作假,遇上个初出茅庐的菜鸟,自然是瞒不过HR的火眼金睛,但如果遇上个精于伪装的"面霸",恐怕资深的HR都无法准确其判断简历的真伪。

(3)招聘流程烦琐低效。从公司的招聘规划开始实施后,HR需要接触到的人就不仅仅是各式各样的应聘者,还有各部门面试官。筛选简历、电话邀约、一面、二面、三面、再到录用审批、发送Offer,这一系列工作需要消耗大量的时间、人力与物力。

(4)HR扮演着应聘者与招聘者之间的掮客的角色。企业HR在对人才进行选拔的时候,不再单纯地凭借求职者的能力进行选拔,而是从中获取一定的利益。

而信息化工具则可以有针对性地改进这些痛点。

表4-1 传统在线招聘VS信息化工具招聘

传统在线招聘	信息化工具招聘
信息海量化、无效化	3秒将网站简历抓取到系统简历库,海量储存,无效者立即删除
信息不对称、不可信	重复投递简历且信息不匹配者,系统会直接显示异常需要HR确认
招聘流程烦琐低效	操作系统安排面试日程,全程线上管理,减少无效沟通
HR谋求利益造假	面试评价对所有面试官全公开,杜绝造假行为

传统招聘的弊端导致招聘成本高涨。招聘一个员工企业要花多少成本?以目前行情看,仅招聘环节,一个普通员工的成本就在几百元至几千元不等,总监级高管则可能动辄要投入几万元甚至十几万元,

而招聘的各项隐形成本也很难管理，让企业用人成本居高不下。举个例子：一家扩张型企业过去一年的总离职人数为 115 人，其中入职不足 1 年离职的人数为 101 人，占总离职人数的 87.83%，成本 188.8 万；在入职 3 个月内离职的人员为 66 人，成本为 86.47 万。对于企业管理者来说，加入公司 3 个月的新员工，对公司的贡献肯定是有限的，但公司要为此付出如此高昂的费用，而这个无效的费用就是潜在的招聘成本。

招聘不仅仅是把人招来就行了，招聘完成之后还要考虑员工留存率的问题，如果某一个环节把控不好，导致员工的留存率降低，其所带来的潜在人力成本损耗将远大于单纯的招聘成本本身。而要想知道具体是哪个环节导致员工留存率低，就需要大数据来给企业管理者提供依据。

如果在整个招聘流程的所有环节都有相关数据，就能很轻松地看出来是哪个环节出了问题。比如，招聘渠道 A 招来的员工流失率大于招聘渠道 B，那么以后的招聘预算就可以往 B 渠道倾斜；面试官 A 负责的面试员工入职后流动率低，而面试官 B 负责面试的人员就总出现流动，这可能就是 B 的面试方法出了问题，找到问题所在就可以及时止损。

七、考勤、薪酬数据易错

一般而言，每个月 HR 在计算考勤和薪酬上需要耗费的时间大致是 5 天，其中还包含了与员工核对考勤的时间与发放工资条的时间，所以留给 HR 核算的时间并不多。考勤、薪酬的核算也需要耐心和注意力，稍微不留神出个小错就会失之毫厘，谬以千里。而信息化工具在考勤、薪酬核算的耗时上，对比传统工作时间可节省约 97%。

表 4-2　传统方法与信息化方法在薪酬、考勤核算上的效率对比

系统功能	功能说明	单人工作量 系统（分钟）	单人工作量 传统（分钟）	影响人数（个）	月度约操作频次（次数）	月度节省工作量（人·天）（传统-系统）×影响人数×频次/480	年度节省人工（人·天）月度数据*12	效率提高百分比（传统-系统）/传统
考勤	可下载钉钉数据，直接上传至系统，匹配已存在的规则核算有效出勤数据，计算假期薪酬、迟到早退的时长和扣款金额、月调休、年假的数据。取代HR手工核算考勤结果。	60	1080	3	1	6.38	76.5	94%
薪酬	每月同步当前员工的入职状态，更新薪酬基数和应出勤天数；每月同步考勤扣款数据和社保公积金数据，匹配到对应员工参与薪酬计算；每月根据津补贴规则计算结果；系统自动计算个税。取代HR手工匹配考勤和社保的计薪数据，计算津补贴数据、个税数据等工作。	60	1920	2	1	7.75	93	97%

另外，国家相关制度的变化对HR的工作影响也很大，比如2019年个税新算法以及个税专项扣除项实施以后，HR之前的算税经验就不管用了，算薪难度大幅增加。

比如按照"个税专项扣除"项目规定，员工申报专项扣除之后，HR需要根据员工的申报项，再依照员工的具体薪资，一项项扣除，增加了核算难度，出错率也会随之增加；HR在算薪算税的时候，一个数据出错就可能导致整个表格重算，而新增的五项专项扣除，让HR的数据计算量翻倍，出错率自然也跟着增加。

如果有了信息化工具，HR就不需要自己来进行复杂的计算了。

在线软件会按照最新的政策，实时调整扣除规则，HR 只需要将收集的员工扣除信息导入系统中，系统就能够自动完成整个计算过程，直接为 HR 呈现精准的结果。

| 第二节 |
实现人力资源信息化对企业的意义

信息化技术的快速发展及其在管理领域的广泛应用，不仅丰富和发展了原有的人力资源管理内容和技术，而且正极大地影响和改变着人力资源管理的理念。

一、信息化有利于资源的有效对接

信息化的人力资源管理是企业在一定的组织管理基础上，综合运用各种信息技术，并将它们与现阶段的管理理念相结合，辅助管理者进行人力资源管理的过程。

集团企业规模庞大、涉及行业众多、子公司数量大，在整个企业的长期发展中，不同行业、不同地域、不同子公司的信息化水平和思想差异巨大。因此进入信息化时代后，集团就要在整个集团内设定统一的信息化目标并制订规划，通过企业的入离职率、人才留存率、发薪占比等数据分析企业存在的问题以及未来的战略目标规划，以实现企业管理信息化、数据流通自动化、企业数据规范化和标准化等的长远目标。

同时，信息化绝不仅仅是集团公司的诉求，中小企业更加需要信息化管理工具。

企业是一个动态成长的组织，如果不提前使用信息化工具对人力资源工作进行布局，当企业成长到一定阶段时，就必然会面临管理上的重重压力，并且不得不以一次阵痛和高昂的投入为代价来对自身的管理进行信息化重塑。而如果在企业发展初期就使用信息化工具、将占据 HR 大量工作时间的日常琐碎性事务交给系统，除了能节省 HR 的时间、有效提高企业整体的管理效率外，更加重要的是，由于信息化工具本身的成长性，它还可以贴合企业在不同阶段的需求，伴随企业的扩张而进化，使组织一直保持高效的管理能力。

二、信息化使管理过程的档案储备更加完善

信息化的管理模式便于相关档案的储备。利用信息技术将公司内部的信息进行统一的管理和存档可以减少一系列不必要的程序、减少对人力资源的浪费，从而更加有效地完善与健全公司内部信息系统，这也是信息化在推动我国人力资源管理发展过程中的一个重要作用。

三、信息化的管理可以提升管理效率，节省开支

知识型员工是这个时代最为重要的资源，怎样把知识型员工从烦琐的基本工作中解放出来，这是一个时代性的问题。信息化浪潮正是这样兴起的。

首先，信息化的人力资源管理降低了人力成本，使得很多的基本工作都变得简单，它减少了最基本的沟通成本。其次，信息化平台是网络和信息化的产物，可以通过信息化完成信息档案的存储和关键资料的存储，节约了纸张且符合国家环境保护的政策，渐渐形成无纸化的企业办公环境。最后，虽然信息化平台针对不同的员工有不同的权限，但它是对全员开放的，这样就使得很多信息和资料得以共享，节约管理成本。

四、信息化为企业树立了一种全新的管理观念

信息化的管理可以为企业树立一种全新的管理观念，在我国企业的管理过程中，对信息化人力资源管理模式的运用还不普遍。所以，采用信息化的管理方式可以促进企业向现代化的发展方向不断迈进、可以在很大程度上带动企业员工的积极性。

五、有效降低企业直接成本

信息化系统的应用，使企业员工可以通过网络实现无障碍工作沟通，摆脱地理空间和传统办公方式的限制，实现无纸化办公，节省大量通信、差旅、设备、纸张等费用；此外，它还可以帮助企业合理安排用人规模、控制人工成本、提高时间利用效率。

以一个 HR 的日常工作为例。

小王是南京某公司的 HR，公司因发展规模不断扩大，准备在外地开设一家分公司，小王就被委任了异地员工管理的工作，小王得知消息的第一反应是：这工作做不下去了，得赶紧跳槽。

员工异地管理，管得好是小王的工作本分，万一出了什么差错则全是小王的责任，而且做过 HR 的都知道，异地员工管理的难度很大，且费时、费力、费钱。首先档案不好管理，员工异地入职之后，合同需要邮寄到总部，小王收到之后录入档案库，再寄还给员工；其次沟通成本居高不下，HR 每天需要花大量时间与分部负责人电话、邮件或 QQ 沟通，沟通效率极低；最后还有员工异地考勤难监管核算难以及招聘等一系列问题。

如果按照传统的工作模式做下去，小王将很难顺畅地完成这项任务，但借助信息化工具，小王就能够轻松解决自己的工作难题。

小王可以先在信息化系统上将分公司的信息创建完毕，再把管理权限放开给分公司的 HR 及相关负责人，这样，他就可以指导分公司

正常运转，并实时掌握分公司的人力资源管理情况。

小王通过信息化工具可直接在总部全程跟进分公司招聘进程，从候选人初筛开始，面试管理、日程安排等进程随时在线跟进，还可以查看面试官对候选人的评价等，及时与面试官双向沟通。

员工入职及档案管理也都可以在线完成，不用再邮寄或出差到当地，小王可以通过信息化管理工具生成一个专属企业的入职二维码，通过手机短信发给员工，员工就可以自助在线填写入职资料。资料提交完毕后，员工的个人信息、档案资料即可一键更新到管理后台，既高效又安全，随时随地管理员工档案信息。

小王还可以利用信息化管理系统开启员工自助服务：员工在绑定微信之后，就能在微信端接收、查看工资条、走审批、打卡等，打卡数据直接同步到系统，直接与薪酬系统打通，省去了HR核算考勤的工作，之前需要花费2~3天的考勤核算现在几分钟就可以解决。线上化管理既帮小王减轻了工作量，也使员工满意。

另外，利用信息化管理系统，还可以在线给新员工做测评、给企业做用工风险评估、让员工自行下单年节福利等，让分公司的人力资源工作顺畅运转。

传统做法至少耗时		信息化做法至多耗时	
招聘流程管理	1天	10分钟	全流程在线协作
办理入职	0.5天	5分钟	员工扫码填写
考勤打卡	3天	20分钟	数据同步，一键核算
计算工资	1天	10分钟	自动生成工资表
工资条发放	0.5天	2分钟	一键发放
员工信息盘点	2天	5分钟	智能调取
人事月度报表	1天	5分钟	仪表盘自动生成
用工风险防范	0.5天	1分钟	实时监控
审批流程管理	0.5天	2分钟	全程线上，一键触达

图4-2 信息化系统能帮HR提高效率

第三节

信息化要求人力资源从业者具备哪些胜任力

一般，HR胜任力有四个维度：个人素质、人力资源专业知识、商业知识、管理变革。在四个维度中，个人素质和人力资源专业知识是最基本的素质，是作为HR从业人员必须具备的素质，而如果希望在企业中有更好的发展和提升空间，HR从业人员则需要具备商业知识和管理变革的能力。

胜任力一直是管理学中被热议的话题，特别是人力资源管理。在一般认知中，胜任力能够区分某岗位的高绩效员工与一般绩效员工。

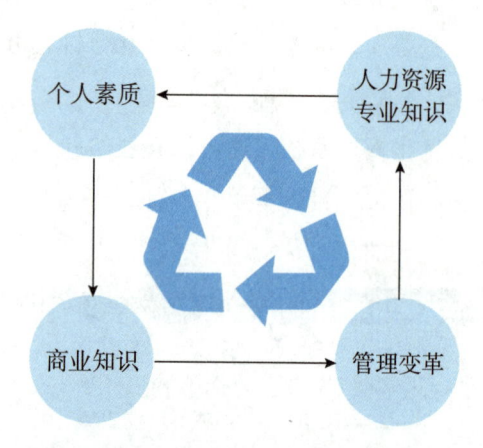

图 4-3 HR胜任力的四个维度

在互联网+和大数据时代，传统的人力资源管理者胜任力的四个维度已经不能满足企业维持外部市场跟内部客户的平衡的要求了。企业HR的地位发生了转变，角色的战略性不断增强。信息时代的人力资源管理，必须调整组织结构，以适应新的时代和新的价值体系。随着企业高层管理者与各职能部门负责人对人力资源的重新认识与重视，人力资源管理将通过人才资本的开发给公司的战略和业务提供支持，同时将给公司带来更多更专业、更有价值的服务。

一、人力资源信息化数据分析能力

信息化时代，用数据说话、以数据分析为决策依据正成为人力资源管理的潮流，传统的 HR 管理使用的数据往往比较滞后，而企业内部信息化的发展使得人力资源从业者必须从纷繁复杂的人力资源数据中获得支持决策的有效信息。

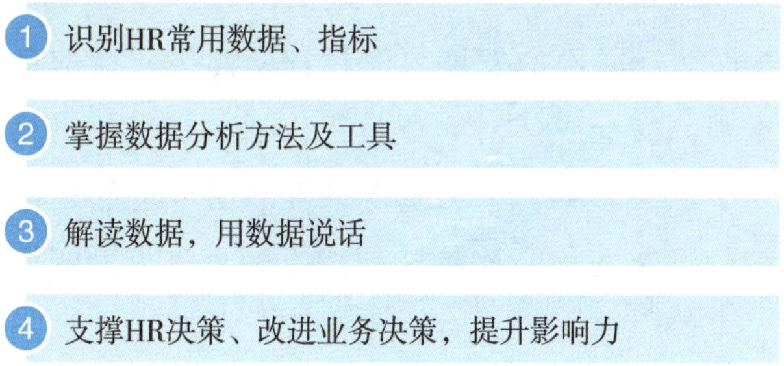

1. 识别HR常用数据、指标
2. 掌握数据分析方法及工具
3. 解读数据，用数据说话
4. 支撑HR决策、改进业务决策，提升影响力

图 4-4 人力资源数据分析

传统的 HR 管理较多地通过报告、图表等方式，将已经发生过的一些事实展现出来，但是这种展现难以发现其中的关联关系，因而难以帮助企业作出科学的预测和决策。预测分析（Predictive Analysis）不是报表、九宫格、复杂的数学公式，它是通过对大量数据的分析，挖掘出数据背后的、难以通过常规方法发现的关联和知识，是通过数字提高人们的洞察力，并通过发现的知识来实现更好的决策，它使得人力资源管理的理念、技术及技巧从"艺术"走向"科学"。

几年前，惠普公司的离职率较高，一些部门的年离职率高达 20%。

为了解决这个问题，2011年，惠普公司的两位天才科学家发现了用数学方法来评估每位员工忠诚度的方法，从海量数据入手，如薪酬水平、加薪情况、升迁情况及轮岗情况等，将它们和已离职员工的详细工作经历联系起来开展相关性分析。在数据相关性基础上，他们为全球33万名员工都打了一个离职风险评分（Flight Risk Score），以此确定员工的"离职风险"，并以此为依据，建立了科学的人才保留方案。该项目的成功实施，为惠普节约了大约3亿美金（包括估计的人员替换成本和生产率下降带来）的损失。①

二、社交媒体及运用能力

伴随着移动互联网的发展，通过社交媒体传播信息在企业中越来越被重视。社交媒体对企业员工沟通、员工信息反馈、人才搜寻等产生了巨大影响。人力资源从业者必须能够运用相关技术以适应组织的迅速变化，并将这种技术融合进人力资源管理工作中去。

1. 办公系统，提高工作效率
2. 社交软件，与员工保持密切沟通
3. 招聘应用，有效解决人才空缺问题
4. 文化传播，构建企业文化

图 4-5　社交媒体及其运用能力

---

① 《大数据和预测分析给 HR 带来新机遇》，http://www.hroot.com/d-9317079.hr，引用日期：2018-09-19。

目前，大多 CEO 自发并且很频繁地表达出了一个强烈的愿望——希望 HR 能够在"如何运用社交媒体与员工沟通并进行员工招聘"上比较精通。他们期望 HR 不仅能很好地管理运用社交媒体的员工，而且能把社交媒体平台作为一个员工激励和沟通的工具，同时建立个人品牌，并展示在社交媒体上，及时报告公司在社交媒体上的名誉度，并获取最新的人力资源技术解决方案。

HR 被期望能预测那些会对企业业务产生影响的社会趋势。最重要的是，高层管理者希望高级 HR 经理人不是盲目的追随者，而是明智的趋势解析者，拥有把"流行趋势"和"与企业业务相关趋势"区别开来的能力。他们希望 HR 能将趋势转化成给企业带来价值的机会，并为企业生产率的提高做好劳动力准备。①

三、企业文化构建能力

完善的企业文化体系保证了组织结构刚柔并济，以应对多变的商业需求。创造一个积极应对变化的组织，需要 HR 从业者做文化变革的先锋和旗帜，从组织结构上确保变革的可行性。这需要 HR 能认识到文化的价值，并能够用商业化语言表达、为文化变革规划蓝图、有计划地发起变革。在未来，HR 甚至能加入变革团队、领导变革计划、指导个体应对变革，涉及文化变革进程、公开展示文化变革等过程。

---

① 《人力资源管理有这样的技能是被企业高层所看重的》，http://www.xzhichang.com/Strategy/Article_117268.html，引用日期：2018-09-19。

1. 认识到文化的价值
2. 分析并塑造一种文化
3. 能发动变革、管理变革的过程
4. 运营、维护企业文化

图 4-6　企业文化构建能力

四、战略管理能力

传统人力资源从业者要想朝着互联网＋或者 HRBP 的方向转型，就必须要拥有企业的管理、参与战略决策的经验，要了解企业内外部的商业环境，并与企业人力资源管理相结合，帮助企业完成战略布局。

1. 拥有企业管理、参与战略决策
2. 了解企业内外部商业环境
3. 与企业人力资源管理相结合
4. 理解、分析、执行能力

图 4-7　战略管理能力

战略管理能力的核心是战略领导力，包括 4 个方面。

1. 变革领导力

影响他人进行变革的能力。关键点在于将个体目标与公司战略目标相匹配，让每个人都有代入感、参与感，从而让大家认同所进行的变革、激发创造力。

2. 吸引人才的能力

战略制定、实施的成功关键在于重要的战略管理人才，只有聚合人才并获得他们的支持，才能推动必要的控制和战略的实施。

3. 预测和预见能力

战略本身是基于现有宏观因素、微观因素及自身优劣势所作出的对事件的预测和对未来的预见，所以，要构建信息收集机制和系统、掌握必要的分析方法和工具，并敢于判断及承担应负的责任。

4. 保持灵活性的能力

环境在变、市场在变、需求在变，战略也要不断地自我检视、评价和调整，所以要建立系统的控制系统，以便保证应变的速度。同时，在进行战略规划时也要考虑资源的可转移性。

五、以业绩为导向的服务能力

人力资源部门提供的服务，只有从有利于业务部门效能提高的角度出发，才能被业务部门接受和认可，也才能切实为企业经营计划的有效实施提供支持。

1. 树立以业绩为导向的服务意识

2. 熟悉企业的业务流程、经营环境、技术状况

3. 帮助业务部门提高绩效，为企业创造利润

4. 为企业经营计划的有效实施提供支持

图 4-8　以业绩为导向的服务能力

1. 了解公司业绩模式

人力资源管理部门要做好业务部门的伙伴，最重要的一点是要对整个公司的业务模式或者盈利模式具备清晰的认识，也就是要知道公司的利润从哪里来。然后人力资源管理部门应该制定相应的战略来支持这种盈利模式、支撑业务部门的战略。很多人力资源管理者对业务模式不了解，有时候只知道狭隘的人力资源管理，不知道如何通过自己的工作来支撑业务模式和业务部门，这样，要成为业务部门的伙伴也就很难了。

2. 具备全局观念

人力资源管理者需要具备全局观念。人力资源管理部门的一个重要能力就是平衡能力，所以人力资源管理者需要站在 CEO 的高度，关注公司所有部门的需求和发展，这样才能够保障公司平衡发展、不发生偏颇。人力资源管理者应该经常问自己几个问题：自己站在哪里？自己经常考虑的事情是什么？是整个公司的事吗？部门之间平衡吗？自己是否以身作则做到了公正？

3. 高情商

其实要做到平衡很困难，人力资源管理者因为自己也需要平衡。

因此，这就需要人力资源管理者拥有较高的 EQ，也就是情商。人力资源管理者与人打交道时，员工可能会因为不理解一些管理措施而与其争吵，这时管理者就要做到宰相肚里能撑船，要包容各种人、要能够听进去各种意见。如果做不到，就很难做到平衡。人力资源管理者应该包容所有对公司业绩和盈利模式有帮助、有贡献的人，因此，需要具有很高的情商。[①]

第四节

当前市场上人力资源信息化工具有哪些不足

一、市面上的工具繁杂

人力资源信息化工具多如繁星，产品类型和质量参差不齐，HR无法直接判断适合公司的产品，导致 HR 无从下手。

就当前来说，人力资源是中国企业应用软件市场增长最快的领域，市场需求旺盛，从 2007 年至今基本保持着 25% 以上的年增长率。对于企业管理者来讲，目前市面上的管理软件中，动辄几十万上百万走定制化路线的软件不在少数，其中不乏大而化之的软件，谈的都是战略化的管理方向，却并没有解决企业最需要的、对事务性工作的管理。管理软件走战略路线没错，但对于大部分中小企业来讲，战略性的管理方向要有，事务性的管理更加不能忽略，如果连员工信息管理、考勤、工资、休假、招聘、培训等基础工作都做不好，

---

① 《以业绩为导向的人力资源管理》，https://wenku.baidu.com/view/e0f17f4f852458fb770b5622.html，引用日期：2018-09-19。

又何谈战略管理？

中小企业不能忽略事务性的管理而直接进入战略性管理的阶段。正确的逻辑是，在解决了事务性管理、提高了工作效率之后，把所有的管理信息数字化，这些数据就能成为战略管理的基础及依据，也是战略管理绩效考核的基础，如果连事务管理都没有实现数字化，又何来战略管理呢？根据企业发展阶段的不同，战略及事务管理有先有后，企业要根据自己的经营状态及发展阶段去选择最适合自己的模式，切不可盲目跟风。

从厂商角度讲，目前市场竞争比较激烈，还处于群雄逐鹿的局面中，没有出现有绝对领导力的品牌。主要原因在于定位：各供应商都专注于某一个或几个领域，很少跨界，投入不足，这就注定了不可能做出适合各个领域的产品。

二、HR 工作实际效率并未提升

目前，HR 管理工具的设计远离 HR 工作的实际，所以要避免以下的选型误区。

（1）在初步选型的过程中，不能一味追求"高大上"。市面上有很多看起来"高大上"的人力资源管理软件供应商产品，比如国际知名软件供应商 SAP、甲骨文、施特伟等，都推出了人力资源 SaaS 产品。这些企业虽然声名在外，口碑也很好，但是它们的产品是不是足够本土化、能不能满足自己的需求就是另一回事了。不顾自身的实际需求，盲目选择"最著名"或者"最先进"，带来的后果往往是系统使用过程中的水土不服，导致资源的严重浪费。

（2）选系统要有长远考虑。很多企业在选择信息化工具的初期，只看到当前遇到的问题，系统只要能解决当前的问题就可以。但随着企业不断发展壮大，就会出现组织变革、管理变革等，这个时候又会出现新的管理问题，而这些新的问题定制化系统无法解决。等问题逐渐增多，原有的系统反而成了提高 HR 工作效率的累赘，这就是固化系统的缺点——花了大价钱却只能享受很短的舒适服务期。相对定制化的固化系统，企业需要的是更加灵活的软件，它不仅可以满足企业当前的需求，也可以解决企业在发展过程中遇到的其他管理难题，有效控制管理系统的支出成本、提高管理效率。

（3）系统实施成本不容忽视。企业在引入管理系统之后，如果系统仅供 HR 使用，就需要对 HR 组织相关的培训；如果是全员使用，不仅要对 HR 进行培训，也要对员工组织培训，比如员工要怎样提交各项审批流程、如何查看相关信息等。如果是简单一点的软件培训一次就可以了，但只要软件稍微复杂就需要组织多次培训、花费大量的时间成本，有些系统在购买的时候看起来便宜，但要是把这些培训及其他实施成本加起来就非常不划算了。

（4）不能忽视需求清单。整理需求清单的过程应该是细致而严谨的，这一步骤对于产品的选型、基于需求的后期调整开发、实际落地实施等各方面都有着重要影响。需求清单的列出需要经过项目人员充分考虑运用场景，在充分地讨论并达成共识之后列出。

（5）人力资源管理软件作为一项管理技术，只能服务于管理，而不能替代管理。任何先进的管理技术，都只能是实现企业管理目的的工具和手段，人力资源管理软件自然也不例外。企业人力资源管理软件的运用和企业人力资源各方面制度、体系的完善间是相辅相成的关系，各企业在选择系统时，要根据自己的实际需求进行人力资源管理软件的选择。

三、纸质资料处理复杂的流程和录入操作

纸质电子化资料需一一收集并录入。以入职为例，HR 需要收集

新员工的各类纸质材料，并手动录入多个电子文档。

纸质文档管理过程中经常遇到的问题有以下几点。

①文档长时间存放后，由于物理环境因素，纸张发霉、变黄、损坏，导致重要信息丢失。

②使用文件柜来管理纸质资料进行归档保存，就算按照编码归档，查找起来也非常不容易。

③不仅耗费时间，还吃力不讨好。

④扫描、分类、保存等保管流程烦琐，员工难免会觉得厌烦。

⑤纸质文档扫描成电子图片命名存储后，查找起来非常不易。

⑥纸质文档需要重复复印才能实现多人同时查阅，浪费大量成本。

四、应用门槛高

大部分人力资源信息化工具的应用门槛颇高，体现在全体员工对系统的使用和系统使用的培训上。

在系统使用培训方面，如果软件功能过多，就需要专人到本地进行系统化的培训，同时进行服务器的部署，一般需要 1~6 个月左右时间才能投入实施。在全体员工层面推行和使用的门槛也很高，需要员工自己下载 App 才能使用，员工会用手机无内存、没有时间等借口进行推托，很难快速实现全员使用。

五、可拓展性低

大部分人力资源信息化工具只能实现人力资源管理的基础模块功能，但是无法拓展与人力资源相关的其他服务，如员工福利商城、雇主责任险、补充医疗保险、人才测评、企业社保代理服务、企业用工风险咨询、背景调查等。

六、软件跟不上管理模式变化——更新迭代速度慢

企业管理的模式不断变化，人力资源管理的模式也正由传统的人事管理向人力资源管理过渡。但经常是企业刚刚完成软件的开发，管理模式又要发生变化。一套软件初次购买时需要投入大量成本，曾经使用得也不错，但过了一两年就又不能满足需求了。不少单位因为人力资源软件的开发跟不上管理的变化，而陷入困境。

很多软件更新迭代的速度很慢，比如自 2019 年 1 月 1 日正式实施的社保入税以及五项专项扣除，很多企业的管理系统就无法及时进行功能的更新迭代，从而增加企业的管理成本及负担。

CHAPTER V

The Regeneration of Human Resource

企业如何选择合适的
人力资源信息化工具

伴随着信息时代和互联网时代的发展，人力资源信息化系统已然成为企业提升人力资源管理效率和效益的重要工具。时代在不断发展进步的同时，信息技术也在迅猛地发展。人力资源信息化系统工具对于企业而言已经不仅仅是一个工具，而是能够帮助企业实现人力资源战略价值的助推器。以下就对互联网+时代下的企业人力资源信息化工具进行选型分析。

| 第一节 |
互联网+时代下的企业人力资源信息化工具选型

互联网+时代的到来，使企业的人力资源管理工作面临着巨大的挑战和机遇，企业使用人力资源管理信息化工具也成了企业势不可当的需求和潮流。当前，以人才为主的核心竞争力培养已变得举足轻重，如果企业希望在激励的市场竞争中取得长足的发展和竞争优势，就要提高人力资源管理的效能。目前，还有许多企业尚未实现信息化管理，其中以中小企业为主，而在已经实施人力资源管理信息化的企业中，也仍存在一些问题需要解决。

一、需求分析

要对企业的人力资源管理进行信息化建设、选择适合企业的人力资源管理信息系统，就应该分析企业人力资源管理的信息化需求，了解企业人力资源管理的现状以及企业各部门、各层级、整体员工对系统的需求，并且针对系统操作人员和服务对象的特点，充分考虑人力资源信息化系统能为企业未来长远发展带来的价值。

1. 人力资源部的需求分析

人力资源部在企业人力资源信息化进程中，应该是需求的提出者、执行者、推动者。在进行人力资源部的需求分析时，应该从人力资源部的现状和面临的问题点着手。

（1）人力资源管理任务分析：人力资源部不仅要负责整个公司的人力资源战略及规划，还要执行员工管理、组织管理、招聘、审批、社保公积金、考勤、薪酬、人事数据、员工关怀、培训、发展晋升等日常人事管理工作，而这部分工作已经占据了整体工作的90%~99%；更有甚者，这些工作几乎占去了所有的时间，有时还需要加班加点才能勉强完成。可见，人力资源部门的工作量早已饱和，难以腾出精力来进行整体公司的人力资源战略规划、劳动风险防控、提升员工及选用留育等工作。

（2）信息化系统现状分析：从企业内部环境来看，除需分析企业政策制度是否健全、业务流程是否合理等，还需对企业信息化水平进行分析和评估，以确定企业的信息化要求和企业目前水平的差距。从外部环境来看，则应当分析当前整体信息技术的发展状况、外部企业的信息化的应用情况，以及企业所在行业的竞争对手目前的信息化情况，等等。

（3）企业各层人员对信息化系统的需求：分析人力资源部的HR管理者及HR专员、高层领导、各直线部门领导及全体员工的需求。

2. 企业高层领导的需求分析

企业高层领导，需要把握企业的发展战略和经营目标，其中，人力资源管理信息化实则是对企业的发展战略、管理理念和企业文化的综合反映。企业高层领导对系统的需求主要体现在以下几方面。

（1）通过人力资源管理系统掌握公司的人事信息，例如员工基础信息、员工发展轨迹、人力成本、出勤率等。

（2）人力资源管理系统应与企业其他系统，如考勤、销售、财务系统等实现兼容或对接，以帮助其全面掌控企业的发展运作状态。

（3）人力资源管理系统应将提供的人力资源状态指标与企业的经营指标相关联，以更好地统筹安排企业的经营、提升企业经营绩效。

因此，企业高层领导对人力资源信息系统的需求也是非常急迫且必不可少的。

3. 企业直线部门领导的需求分析

企业直线部门领导需要通过人力资源管理系统来掌握所在部门的所有人事信息，包括员工基本信息、招聘计划和进度、员工考勤、请假、审批等，更重要的是，人员的选拔任用也需要一定的参考依据，因此企业直线部门领导对于系统的需求也是相当强烈的。

4. 企业全体员工的需求分析

一家企业能否留住员工，员工满意度尤为重要，而人力资源管理信息系统就是能够提升员工满意度的工具之一。企业的员工需求主要集中以下几方面。

（1）了解公司的各项规章制度、企业公告。

（2）了解个人的绩效、薪酬、社保。

（3）了解个人的考勤与休假情况。

二、系统选型规划

1. 制定人力资源管理信息系统建设方案

（1）确定系统实施的范围

对企业的组织机构及需求部门进行调研，明确系统需要涉及的部门，最终确定系统实施的规模、边界和范围。

（2）确定目标

企业人力资源信息化的目标是实现人力资源由成本中心向价值创造中心转变。因此，要明确人力资源信息化建设的背景、企业相关部门和人员的需求，最终选择一款能实现企业需求的产品。

（3）项目可行性分析

人力资源管理信息化建设项目一般从经济可行性、技术可行性与社会可行性三个方面来考虑。如下图[①]：

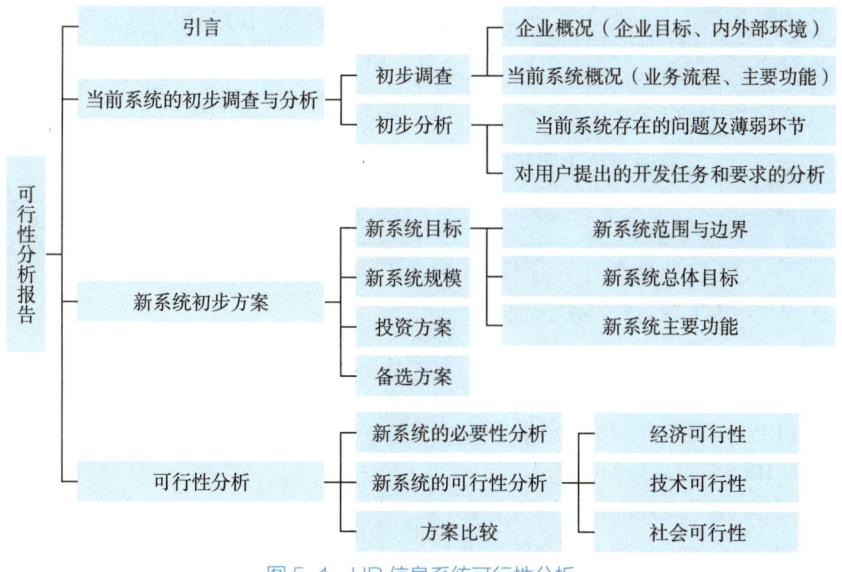

图5-1 HR信息系统可行性分析

---

① 王默凡:《人力资源管理信息化实践研究》，硕士学位论文，首都经济贸易大学，2007。

2. 系统选型流程

是否选择了适合企业的人力资源信息化系统，是企业施行人力资源信息化成功与否的重要因素。

不同企业在人员规模、组织结构，及业务发展模式等方面是不同的，人力资源管理水平也大不相同。企业在选择人力资源管理系统时，应该针对企业的发展阶段以及管理特点进行系统选择，不能单纯地要求"大而全"，也不要求人力资源的每一项职能、每一个操作流程都信息化。目前，人力资源管理信息系统类型有如下三种。

表 5-1　HR 信息系统

系统类型	典型特征	技术要求	成本	适合企业
人力资源 SaaS 系统	自动化解决烦琐的人事工作。云计算极大提升了 HR 工作的效率和准确率。云服务带来档案管理云端化。大数据为员工提供个性化的人力资源服务。	使用 SaaS 时，企业实际是在使用由供应商提供的解决方案，供应商会对自身的 SaaS 产品进行专注的管理和支持，无须企业维护。	使用成本相对较低。	大、中、小企业均可使用。
传统本地管理系统 ERP（含 HR 模块）	ERP 是企业管理软件，集合物资资源管理（物流）、人力资源管理（人流）、财务资源管理（现金流）、信息资源管理（信息流）等。主要功能集中在人力资源信息的采集和维护等功能上。	需要专业人员安装到本地，后续的维护及更新迭代需要企业的 IT 人员和供应商配合。	使用成本高。	适合大型、中型企业。

续表

系统类型	典型特征	技术要求	成本	适合企业
服务在线化系统	满足企业某一部分的人力资源管理需求，如在线社保服务、薪酬管理、商业保险、背景调查等。	供应商自行管理和支持，无须企业维护。	使用成本相对较低。	功能比较单一，解决的是HR某一部分的内容。

目前的人力资源信息化系统供应商不胜枚举，并且都在宣传自己的产品，甚至有夸大系统功能的。因此，企业在选择系统时，应该根据科学的方法进行系统的选型和评估，以帮助企业规避"陷阱"、降低风险，并缩短选型周期、降低选型成本。

企业的人力资源管理信息系统的选型，基本会经历以下步骤。

（1）明确选型负责人或负责团队

根据系统的需求，需明确选型负责人或负责团队，一般包含人力资源部相关负责人和HR专员。此外，部分企业需要技术人员和采购人员的参与，技术人员负责帮助评估系统运行的可行性和安全性，采购负责参与合同的谈判工作。

（2）确定系统目标

在选型之前，应该明确系统需要达成的目标和效果，避免由于目标不明确导致选到不合适的产品。

①系统需要帮助企业、人力资源部达成什么战略目标。

②通过系统企业要推行什么政策和业务流程。

③系统对人力资源的主要支持在哪些方面。

（3）明确各部门需求

对企业各组织机构、各部门、各层级的需求进行分析，评估系统的可行性。

（4）明确系统功能需求

明确企业对系统的软硬件要求。软件要求即企业对系统功能的期望能否达到要求，对信息化系统的接受程度；硬件要求即是否具备系统运行、维护的技术环境。

（5）评估预算

评估预算的支出能否达到企业采购的目的和效果，包括采购系统的费用、更新维护费用、服务费用等。

（6）准确传达企业基本情况和选型需求

许多企业在选型时存在一个误区，即不愿意完整说明企业的基本情况。其实，企业只有在选型时准确传达企业基本情况和选型需求，才能又快又准地选到合适的系统。

①企业基本情况如人员规模、HR人数、人力资源管理的模式现状等。

②企业是否有实施过信息化系统及信息化系统当前的使用情况。

③系统选型需要达到的目标和效果、实施范围。

④企业需求的系统功能。

⑤企业的IT基础设施环境描述和技术要求。

⑥采购系统的周期。

⑦企业的采购预算。

⑧所有参与企业选型的系统供应商及评估情况。

（7）初选供应商

一般可以通过同行HR推荐、网页搜索的方式了解目前市场上主流的系统供应商，也可先直接获取供应商服务顾问电话进行电话沟通，对供应商有初步了解后，确定3~5家进行进一步筛选。

（8）系统演示

可以邀请初步筛选出的3~5家供应商到公司进行现场的讲解和演示，系统选型的相关人员可当场针对企业的需求、疑问与供应商进行交流，现场评估系统与企业需求的匹配程度。

（9）系统体验

系统演示完成后，企业可以对系统的相关功能进行5~10个工作日的体验，测试系统功能对企业需求的满足程度。

（10）供应商资质

通过企业营业执照和在相关平台查看企业资质，评估供应商的经营状况和实力。

（11）采购决策

对初选的供应商在功能满足程度、成本、易用性、供应商实力等方面进行综合对比，作出采购决策。

三、系统投入实施

（1）企业资料建档

系统供应商的服务顾问将企业信息（建档资料）提供给企业专属VIP客服，以便企业专属VIP客服了解企业信息和系统使用需求（含企业基本信息、联系信息、管理及信息化基础信息、管理特征、需求匹配情况、预计系统使用目标、当前优化需求），安排对应的培训模式。

（2）系统部署前的沟通

企业专属VIP客服电话联系客户，确认客户信息（资料建档情况）、进行客户分类，与客户沟通具体实施部署计划及时间，并发送上线部署前需准备的材料——系统操作指引文档。

（3）系统基础设置

企业根据操作文档，先对各模块的操作功能初步熟悉，之后可以先对系统的相关权限和规则进行设置，包括设置HR、上级领导等管理员的管理范围和模块权限；设置员工管理模块的员工属性字段、人事提醒规则；设置组织架构、岗位管理；设置招聘简历助手、招聘渠道、面试信息等；设置审批表单与流程；设置员工自助服务；设置社保公积金自主参保方案；设置考勤规则；设置薪酬计算规则等。

（4）系统的使用培训

在此阶段，企业专属VIP客服将对企业的相关管理员进行远程培训，系统地讲解系统各个模块的功能，并对企业在熟悉系统和初始化设置中遇到的问题进行详细的解答，同时提供售后服务，即工作时间随时在线、远程答疑、云端管控。此外，关于客户的功能优化需求也可以一并提出给系统供应商，评估实施的可能性。

（5）数据的梳理与导入

在此阶段，企业专属VIP客服帮助指导将企业的真实数据导入系统，HR结合系统的功能和公司的人力资源信息化需求，对公司的组织架构、员工信息等基础信息进行整理和汇总，将原来的线下操作迁移到系统上。

（6）分步进行模块实施应用

对于刚开始使用信息化系统的企业来说，系统全模块实施起来周期是很难确定的，具体要根据企业规模、管理模式而定。系统实施应用的正确理念应该是，根据企业需求阶段性推动，不要指望一蹴而就。例如，某SaaS系统是可以支持一步步模块化应用的，在投入实施的前1~7天，可以先将最基础的员工管理、招聘、考勤模块进行规则设置和运行，当以上模块已经顺利应用后，再推进社保公积金、薪酬、第三方服务等模块的应用。总而言之，企业无论是第一次引进SaaS系统，还是对企业原有系统的功能拓展，SaaS系统的灵活部署和快速实施的特性，都使其可以根据企业具体情况，分步进行模块的实施与应用。

（7）确认预期

供应商对部署进度、完成度与客户预期达到的系统实施效果进行确认，至此，成功帮助企业客户切换/运行系统。

四、系统运行与维护

系统上线后，需要规范日常的运行和维护。如系统上线后，日常的运行存在问题，需要进行分析处理，要及时进行企业内部讨论或者联系系统的客服帮助解决问题，以保证使用效果。

五、系统实施的总结与效果评估

很多企业认为，人力资源管理系统成功上线之后，就可以完全享受系统带来的成果了，这是错误的。实际上，系统上线之后，需要一个适应的过程。系统上线后，有可能会出现使用者适应能力较差、流程转换不流畅、数据出错、系统升级等问题。因此，试用一段时间后，需要不定期地对系统的使用、运行、推广情况进行实施效果评估，一般需从以下几个方面去评估。

①系统使用的顺畅度；
②企业需求的改善情况；
③迁移成本；
④运维成本；
⑤工作准确度；
⑥工作效率提升程度。

| 第二节 |

企业人力资源信息化工具选型案例

一、企业背景

A 公司为某大型跨国企业旗下的三星级以上酒店，2015 年在深圳成立。成立之初，凭借着集团的支持以及对市场的敏锐嗅觉和准确把握,团队在 3 年时间内迅速从 30 人扩大到 400 人。截至目前,A 公司已经拥有员工 400 人,年营业额近 1000 万元。

二、管理现状及问题

该企业虽然是大型集团旗下的子公司,然而其人力资源管理一直采用传统的模式,完全没有信息化系统。伴随着 A 公司经营规模的扩大和员工数量的不断增长,传统粗放的管理模式导致了许多问题,主要体现在以下几方面。

1. 管理成本高

A 公司现阶段已有 7 名 HR、1 名人力资源主管、1 名人力资源经理,但是专员的工作内容 85% 以上都是事务性的人力资源管理工作。由于没有信息化系统的支持,7 名 HR 经常加班,工作起来力不从心,工作满意度较低。

2. 管理效率低下

A 公司员工 400 人,其中正式员工 316 人,试用期员工 84 人,公司有 9 个部门。A 公司的人力成本在同行业中属于偏高水平,公司整体的福利待遇也很不错,足见企业对人才的重视。但是,A 公司投入的成本虽高,低质量的管理却往往将产出效率拖垮,主要体现在以下几方面。

(1)人力资源管理制度不完善,因此员工考勤、休假和薪资等制度混乱。

(2)执行难落地,人力资源部推行的政策,员工时常反馈"不了解",或者了解滞后。

(3)监管不到位,对于员工的考勤、休假无法起到监管作用。

（4）流程不合理，例如新员工入职流程烦琐耗时、招聘流程冗长且用人部门抱怨多、审批效率低、员工增减员信息更新迟缓，甚至缺失等。

（5）管理手段落后，对管理者应变能力造成影响。

（6）公司人力状况无法得到及时汇总掌握，对兼职和实习人员的管理很随意。

3. 人才管理失控

（1）人员基础信息缺失：各部门领导，甚至老板对于员工基础但重要的数据不了解。如员工年龄、婚育情况、入离职率、学历、籍贯、户口所在地、月度人员异动及用工成本、工作履历等。

（2）人才发展轨迹模糊：粗放式的人力资源管理模式无法系统地记录人才异动的轨迹，如员工的入、转、调、离，工作经历、任职记录、培训经历、绩效、奖惩等，导致公司无法合理判断内部员工与空缺岗位的潜在匹配性，人才的选用育留成了问题，并且极易导致人才流失、员工满意度低下、拍脑门决定任用，甚至任人唯亲的问题。

（3）离职率高：公司 2017 年人员离职率高达 23%，流动性大的岗位主要是服务员、前台、各部门秘书、销售人员，但是公司无法了解他们具体的离职原因来调整管理策略。

（4）影响销售水平和服务质量：公司员工工作经验和在公司的留任时间都不长，工作绩效处于中下水平。同时，缺乏对销售人员——公司业务的主力，进行科学的人才管理，全职、兼职、实习人员混杂，业务水平参差不齐，很难保障销售水平和服务质量，极易造成客户资源流失、利润下降。

4. 用工风险难以把控

用工风险把控不到位：存在劳动合同签署不合法，试用期约定不合法，重要入职材料收集不完整，未及时办理转正、退工、退档、退保险、停公积金手续，工资发放未让员工确认等问题。

A 公司在具体劳动风险的规避上无法面面俱到，还曾经发生过一起离职员工以随意辞退员工为由将公司告上法庭的事件，严重影响了公司声誉。

可以看出，A 公司的人力资源信息化水平滞后，导致了一系列的管理问题，这势必也会给其未来的发展壮大带来很大的潜在管理危机。经过对公司管理问题的梳理，A 公司决定将传统的人力资源管理模式转变为参与型的员工管理模式，即以人力资源管理为突破口，引入一套人力资源管理信息化系统，以支持公司的人力资源事务管理；通过提高员工、HR、管理层的参与度来提高员工满意度，在摆脱传统粗放管理模式的同时，使得公司拥有保持高速发展以及适应不断变化的市场需求的能力。

三、人力资源信息化系统的选型

正确选择与公司需求匹配的人力资源管理信息化系统，是实现人力资源信息化的重要因素。A 公司根据企业面临的问题，经过试用和评估，最后选择采用某 SaaS 人力资源管理系统，具体选型过程如下。

1. 需求分析

（1）人力资源部的需求分析：人力资源部传统的工作模式无信息化，最需要的模块是员工管理、组织管理、招聘管理、社会保障管理、考勤、薪酬、人事数据、劳动风险提醒。

（2）公司高层领导的需求分析：需要通过人力资源系统降低管理成本、提升管理效率、优化人才管理、规避用工风险。

（3）公司直线部门领导的需求分析：A 公司共有 9 个部门，每个部门有 1 名秘书。以往部门的排班都需要手动核算，现需要通过系统提高考勤的效率，实现灵活排班，并需要拥有部门人员信息查阅权限，随时查看人员信息和数据。

（4）公司全体员工的需求分析：员工需要实现自助服务，如入职登记、档案更新、查看工资条明细、社保、企业公告、开具证明、发起审批、员工考勤维护等。

2. 确定预算

A 公司近来经营增长速度加快，利润有所上升，系统选型要求能全员使用，可整合市面上的各类系统，包含传统的 ERP、信息化时代的 SaaS、酒店行业的常用系统，采购预算在年费 1 万~2 万元左右，公司计划甄选一款功能需求与公司匹配度较高的系统，进行性价比的对比后，再决定采购预算。

3. 系统选型规划

（1）确定选择通用型或定制化系统

定制化系统的特点一般是费用高、开发周期长，适合大规模企业、集团化企业。通用型系统费用低、投入使用快、灵活方便，适合一般的中小型企业。A 公司规模 400 人左右，属于中小型企业，因此选择通用型产品。

（2）确定选择本地部署软件还是 SaaS 软件

SaaS 是一种通过网络提供软件的模式，优点是成本低、方便灵活、更新迭代速度快、可扩展性好，能快速满足企业需求。需要注意的是，选择的供应商需要能够保障数据安全。本地部署软件功能涉及面虽广，但管理复杂、开发成本高、周期长、灵活性较差、更新迭代周期长且需另外付费，A 公司更适合采用 SaaS 软件。

（3）试用比较目标产品

当确定了目标产品后，进一步对比产品的价格、功能、操作便利性、更新升级成本以及迁移成本等，A 公司联系了目标产品的服务顾问上门进行产品的演示和企业需求匹配。经过比较后，A公司最终选择了某 SaaS 产品。该 SaaS 产品能够提供员工信息管理、关系管理、人事数据统计、社保、考勤和薪酬管理、法务支持等 HR 的各个工作模块的服务，帮助企业以极低的成本和极高的效率完成人力资源管理工作。除了满足企业原有需求外，还有许多亮点功能，例如在线编辑人事报告、待办事项自动提醒、第三方企业服务平台等。

四、系统投入实施

1. 熟悉系统

企业根据服务顾问对产品的介绍，以及系统供应商企业初始化设置的初步指导建议、SaaS 产品详细操作指引等，先对软件的各个模块操作功能进行初步熟悉与掌握。

2. 系统基础设置

初步熟悉系统之后，企业应对系统的相关权限和规则进行设置，包括：HR、上级领导等管理员的管理范围和模块权限；员工管理模块的员工属性字段、人事提醒规则；组织架构、岗位管理；招聘简历助手、招聘渠道、面试信息等；审批表单与流程；员工自助服务；社会保障自主参保方案；考勤规则；薪酬计算规则等。

3. 系统的使用培训

HR 利用 3~7 个工作日时间，初步对系统有了了解，并能完成部分系统基础设置，此时该款 SaaS 系统供应商的 VIP 客服对 A 公司的相关管理员进行远程培训。培训将系统地讲解 SaaS 各个模块的功能，并针对 A 公司在熟悉系统和初始化设置中遇到的问题进行详细解答。

同时该 SaaS 产品还提供售后服务，即工作时间随时在线、远程答疑、云端管控。

4. 数据的梳理与导入

经过系统培训后，HR 结合 SaaS 的功能和公司的人力资源信息化需求，对公司的组织架构、员工信息等基础信息进行整理和汇总，将原来的线下操作迁移到 SaaS 系统上。

例如，A 公司原来的员工入职手续均是先填写纸质表单，再由 HR 专员手动录入，形成 Excel 花名册。使用该 SaaS 软件后，公司原有的 400 名员工的花名册可以直接导入系统，对于一些员工填写不完整的字段，通过线上邀请员工填写进行员工基础信息的补充。对于新入职的员工，只需要在 SaaS 软件的"员工管理"模块，设置好企业需要的入职登记表模板，新员工办理入职时直接扫描二维码即可完成入职登记表的填写，并且不会漏填必填的字段。填写完毕、HR 在后台审核通过后，即可在线打印登记表，且员工的信息会直接对接到员工花名册，同时也自动生成了员工档案、部门和组织架构等信息。

五、系统实施的总结与效果评估

A 公司的人力资源信息化从无到有，其间会有一段时间的试用期，系统推行的目的在于帮助 HR 实现部分工作的流程化、规范化，提升工作效率。工作方式的改变要求 HR 拥有适应和运用人力资源信息化工具的能力，否则将无法快速适应变化。

试用一段时间后，企业需要不定期对系统的使用、运行、推广情况进行实施效果评估，如系统使用的顺畅度、企业需求的改善情况、迁移和运维成本、工作准确度、工作效率提升程度等。

A 公司用了该系统一段时间之后，对该系统的使用、运行、推广情况进行实施效果评估，内容如下。

（1）系统使用的顺畅度：A 公司有 7 名 HR，9 名部门秘书和部门负责人同时使用系统的操作和查询功能，均能熟练操作。400 名员工使用员工自助服务，已实现 100%绑定微信员工自助服务，并能及时查询相关员工自助服务信息。

（2）企业需求的改善情况：该 SaaS 软件满足了 A 公司 93%以上的需求，满足程度高。

（3）迁移成本：前期 A 公司将花名册进行整理并导入系统，设置系统规则，仅仅用了 2 个工作日。由于原来的花名册仍缺失一些员工基础信息，通过线上邀请员工填写并由各个部门秘书进行督促和审核，额外花费了 2 周时间完成了补充。

（4）运维成本：系统的运维成本为 0，该 SaaS 软件更新速度快、产品功能免费升级，每周至少 1 次。

（5）工作准确度：其间未发生工作遗漏和错误。

（6）工作效率提升程度：原来公司的 HR 都是线下完成人力资源工作，使用系统后，员工花名册、招聘流程、审批、考勤薪酬社保都迁移到了线上完成，大大提高了 HR 的工作效率，使得 HR 从烦琐的线下资料整理和报表制作工作中解脱出来。

六、A 公司人力资源信息化实施经验总结

A 公司自 2015 年成立以来，仅 3 年时间就发展到 400 人的规模。企业高速发展，如果人力资源发展的水平无法与企业发展同步，就必然会带来一系列人员管理不规范的难题，这也是我国众多中小企业共同的难题。A 公司实现人力资源信息化对于规范企业人力资源管理、促进企业未来发展发挥着重要的作用。下面对其人力资源信息化项目的顺利上线和实施的原因进行总结。

（1）公司高层高瞻远瞩，且执行团队执行力强。公司管理层在发现企业面临的难题时，能够判断出对应的策略——通过引进人力资源信息化系统来解决企业管理不规范的问题。当公司高层下达该决定时，以人事总监为主导，各部门负责人及秘书积极协助，使得需求分析、系统选型和系统实施能顺利开展。

（2）科学理性地分析企业当前存在的问题，并且对选择系统需要解决的问题进行了罗列，进行优先级排序。很多的企业老板和HR对于信息化系统的认知都存在一个误区，即万能论。他们认为，通过一款信息化系统，就应该囊括人力资源的所有方面，解决企业人力资源管理的所有问题。实际上，系统对于企业的帮助更多在于辅助人的管理，很多中小企业在人力资源管理上的问题并不是细分不够，而是应该有针对性地解决企业的某些方面的问题。如员工管理难题、招聘流程的烦琐、薪酬计算难题、人力资源数据难以获取等。因此，企业在选择系统的时候，应树立正确观念，即系统不可能是万能的，企业应该根据所处的行业、规模、现状，及面临问题的优先级等进行选择。

（3）结合企业特点和需求，选择最优的方案。A公司根据公司的现状和问题，对系统进行综合评估，选择了满足企业需求，同时灵活性好、扩展性好的系统。

（4）重视系统的试用、使用、运行、推广。A公司在选择初期就进行了需求的分析、系统的对比。系统上线前后也对相关的人力资源工作进行了梳理，使得系统使用起来十分顺畅。在使用的过程中，A公司还不断地进行系统实施的评估和改善工作。

CHAPTER VI

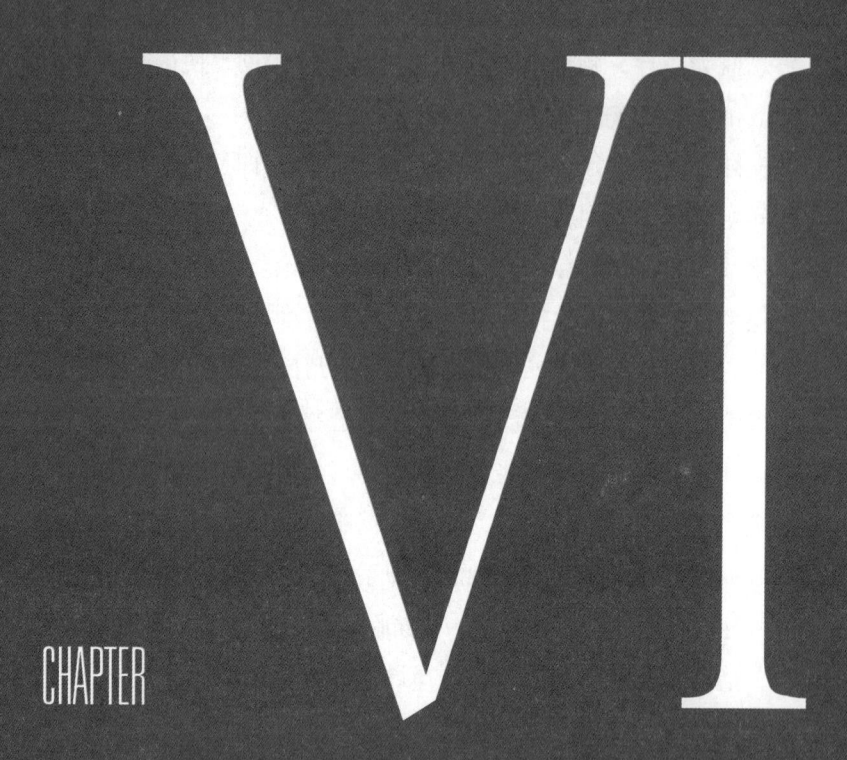

The Regeneration of Human Resource

人力资源数据分析
方法及应用案例

第一节

人力资源常用数据分析方法

一、人力资源数据分析

　　人力资源部门的各项有关人事数据的处理和企业人力资源分析往往是企业决策所需要的重要依据之一。数据反映公司当前人力资源管理存在的问题，可以通过对数据的分析，改善人力管理制度及模式，所以数据的价值对人力资源部门管理也越来越重要。但是，人力资源数据分析与现在大热的"大数据""数据挖掘""数据预测"不是同等的概念。对于大多数企业而言，他们根本就没有相应的技术基础和管理基础，人力资源从业者需要的只是数据化分析思维，只要能掌握常用分析方法和工具，就可以建立自己的"职业护城河"。

　　那么，企业 HR 应该具备哪些数据分析技能呢？

　　我们常说的人力资源数据指标主要有以下三类，它们分别是：员工管理、人力资源职能、人力资源发展。

1. 员工管理类

数量统计	员工结构统计	员工管理统计
员工人数统计； 各部门员工数； 增长率统计； 变化统计等。	各部门、岗位、职级等结构分布； 员工学历统计； 员工工龄统计； 员工年龄统计等。	离职率统计（整体、各部门各岗位、工龄段、主被动、原因分析）； 调岗、异动、晋升、降职等。

2. 人力资源职能类

招聘管理	培训管理
招聘成本； 过程管理统计； 招聘渠道分析； 录用人员管理等。	培训员工数； 培训费用； 培训效果评估； 培训讲师管理等。

3. 人力资源发展指标

基础数据	人才梯队数据	人力资源效率统计
人才素质统计，如岗级、学历、职称等。	储备干部人数、占比情况； 储备干部学历符合率； 储备干部历练等。	劳动生产率； 万元工资销售收入； 万元工资净利润等。

二、人力资源常用数据分析方法

数据分析方法纷繁复杂，专业数据分析师所需的数据则更加复杂。对人力资源从业者来说，只需掌握几种常用方法即可用于大部分工作场景中。

1. 描述性统计

描述性统计就是对一组数据的频数、集中和离散趋势等进行统计，以下范例为某企业年龄结构和工龄结构描述性统计表。

表 6-1　某企业年龄结构和工龄结构统计表

岗位类别	年龄结构			工龄结构		
	年龄	人数	占比	工龄	人数	占比
A 分公司	20 岁及以下	4	5%	0.5 年及以下	19	26%
	21~25 岁	25	34%	0.6~1 年	13	18%
	26~30 岁	28	38%	1.1~2 年	9	12%
	31 岁及以上	16	22%	2.1~3 年	7	10%
				3.1 年及以上	25	34%
	平均年龄	28		平均工龄	3.1	
B 分公司	20 岁及以下		0%	0.5 年及以下	11	16%
	21~25 岁	33	48%	0.6~1 年	18	26%
	26~30 岁	24	35%	1.1~2 年	6	9%
	31 岁及以上	12	17%	2.1~3 年	14	20%
				3.1 年及以上	20	29%
	平均年龄	27		平均工龄	2.9	

2. 交叉分析法

交叉分析是指将多个变量按一定的顺序交叉排列并分析其两两关系。

表 6-2　员工所属部门与"题项 3"的交叉制表

部门	3. 目前工作所给予的晋升机会				人数
	不满意	很难说	满意	非常满意	合计
行政部	0	4	2	0	6
生产部	1	15	21	1	38
业务部	0	5	12	1	18
财务部	0	0	1	1	2
包装皮具部	0	17	17	1	35
其他	0	1	2	0	3
合计	1	42	55	4	102

3. 漏斗图分析法

招聘管理中最常用的分析方法。

收到简历数	电话沟通数	面试人数	复试人数	录取人数	入职人数
513	187	139	59	12	9

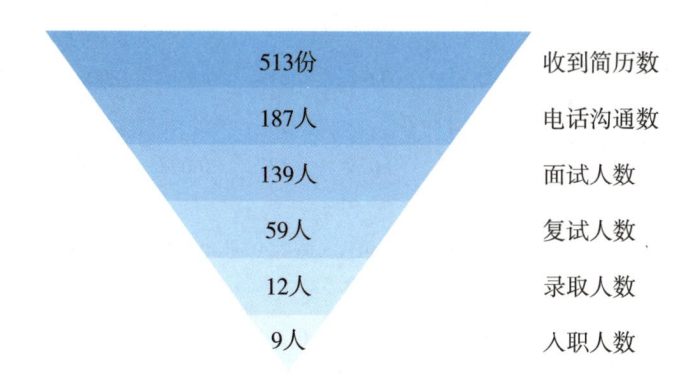

图 6-1　漏斗图分析法示例

4.因子分析法

因子分析的作用在于将几个相关的变量归为一个因子,从而描述多个指标之间的关系。

表 6-3 因子分析法统计表

	成分					
	1	2	3	4	5	
1.上下级之间的信息交流和沟通渠道畅通	0.826	0.032	0.188	−0.014	0.051	管理沟通
2.各个部门的同事间工作事务沟通情况良好	0.739	0.162	−0.055	0.239	0.08	
3.领导很重视下属提出的意见和建议	0.712	0.028	0.411	0.169	0.047	
4.单位提拔干部的过程和结果都很公平	0.711	0.27	0.16	0.242	0.004	
5.上级领导对下属一视同仁	0.65	0.173	0.269	0.089	0.134	
6.我能够自由安排工作进度	0.018	0.835	0.108	0.073	0.211	工作条件
7.我能方便得到必备的文件资料	0.321	0.64	0.014	0.353	0.002	
8.所在部门人员配置比较充足	0.352	0.621	0.127	−0.092	0.209	
9.我能够在工作中学到知识、提高自己	0.039	0.491	0.743	−0.087	−0.105	学习发展
10.我的性格适合我现在从事的工作	0.325	−0.096	0.712	0.206	0.12	
11.我对公司的发展充满信心	0.39	0.1	0.667	0.117	0.11	

续表

	成分					
	1	2	3	4	5	
12. 职业比较稳定	0.062	−0.067	−0.029	0.83	0.079	工作本身
13. 工作中能够充分发挥和展示才能	0.163	0.14	0.105	0.731	−0.022	
14. 单位提供的培训、进修活动良好	0.265	0.185	0.234	0.563	0.205	
15. 同等条件下，我的工作收入不错	0.049	0.3	−0.142	0.121	0.814	工作回报
16. 单位提供的食宿条件尚可	0.09	−0.064	0.305	−0.058	0.737	
17. 我得到的报酬与所做的贡献比较一致	0.131	0.443	−0.027	0.305	0.609	

三、数据支撑人力资源决策

1. 数据如何呈现

对于分析结果的呈现，一般采用文字、图表等方式。

以人事部为例，它可以自动生成各类统计图表，实时呈现出来。此外，"统计概况"可以实现一键发送统计概况链接的功能，网页和手机端均可查看。

以下饼图和条形图为人事部"统计概况"功能自动生成的图表。

在职员工学历分布

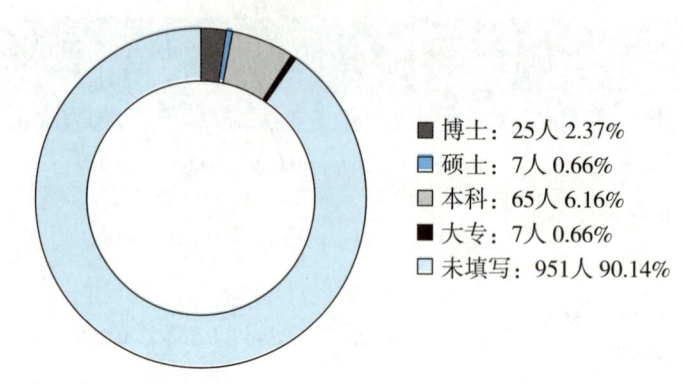

- 博士：25人 2.37%
- 硕士：7人 0.66%
- 本科：65人 6.16%
- 大专：7人 0.66%
- 未填写：951人 90.14%

部门人数统计

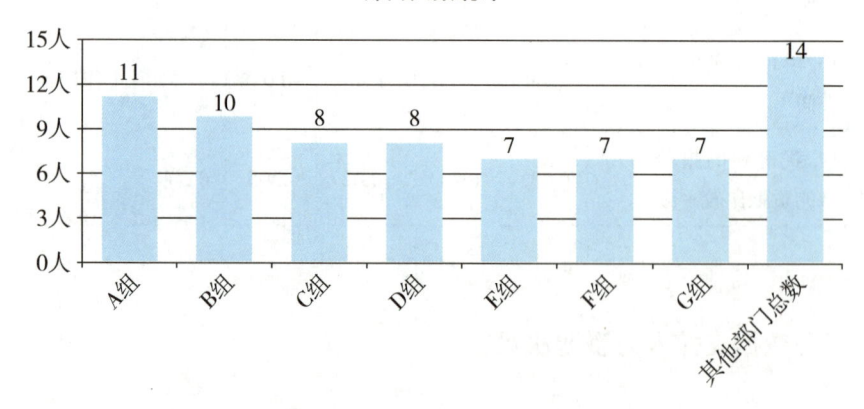

A组	11
B组	10
C组	8
D组	8
E组	7
F组	7
G组	7
其他部门总数	14

图 6-2　饼图和条形图分析示例

以上两种是最基本的数据呈现方式，除此之外还有折线图、雷达图、漏斗图、矩阵图及复合图表等，因篇幅所限不做赘述。

2. 报告如何撰写

分析数据有助于我们对人力资源工作进行指导和决策。众所周知，一份全面的数据分析报告往往能决定企业高层决策的方向，同时也是企业能否取得成功的关键。分析报告的内容分别为目的、数据采集过程、数据处理过程与结果展示、数据分析、结论汇总、建议或解决方案。

| 第二节 |
人力资源过程管理数据分析及应用案例

一、人力资源过程管理数据分析——以招聘为例

招聘管理中常用的数据分析有：过程管理数据分析、渠道管理分析、招聘成本评估。

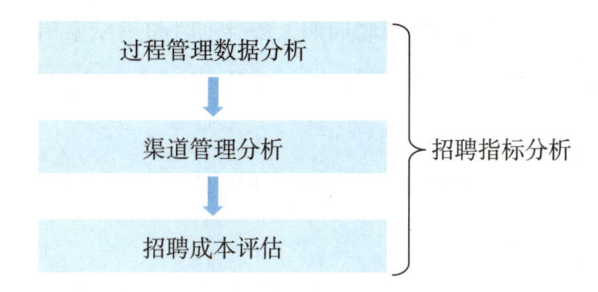

```
过程管理数据分析
       ↓
   渠道管理分析        }招聘指标分析
       ↓
   招聘成本评估
```

1. 过程管理数据分析

招聘过程管理数据主要关注数量、比率、时间三部分。

数量：简历投递人数、有效简历数、发起电话邀约数、有效邀约数、初试到场数、初试通过人数、复试到场人数、复试通过人数、录用人数、报道人数。

比率：有效简历率、面试到场率、面试通过率、录用率、报到率等。时间指标主要指各岗位的招聘周期。

2. 招聘渠道数据

招聘渠道数据分析的目的在于区分渠道有效性，以寻找最有效渠道。一般在招聘过程中需要注意细分渠道的有效性，并进行质量评估。

3. 招聘成本评估与招聘指标

A 公司人力资源部常用的招聘成本评估指标有：

$$渠道招聘成本 = \frac{某渠道周期内总费用（含简历下载、推广等费用）}{入职人数}$$

渠道推广成本 ＝ 推广费用 ÷ 入职人数

岗均差旅费 ＝ 招聘期内招聘差旅费 ÷ 差旅招聘入职总人数

人均招聘总成本 ＝ 招聘总成本 ÷ 到岗人数

招聘指标有：

招聘及时率 ＝ 预计当期招聘周期天数 ÷（启动－结束招聘周期天数）

招聘需求满足率 ＝ 入职人数 ÷ 需求人数

二、数据分析与应用案例——以招聘为例

A 公司人力资源部某月收到提报的招聘需求为 5 个部门、20 个岗位，招聘期 1 个月。招聘期结束后，汇总各类招聘统计数据如下。

表 6-4　A 公司招聘统计数据表

部门	岗位	人力需求	投递简历	有效简历	有效简历占比	电话邀约数量	有效邀约数量	邀约成功比率	面试到场人数	面试到场比率	录用人数	录取比例	报到入职	招募达成比率
研发部	开发工程师	7	116	43	37%	37	32	86%	21	66%	7	33%	7	100%
产品部	产品助理	3	84	39	46%	29	19	66%	9	47%	3	33%	3	100%
运营部	运营专员	4	44	25	57%	17	12	71%	6	50%	4	67%	4	100%
市场部	市场专员	4	56	37	66%	31	26	84%	12	46%	4	33%	4	100%
人力资源部	HR 实习生	2	213	43	20%	25	20	80%	11	55%	2	18%	2	100%
合计		20	513	187	36%	139	109	78%	59	54%	20	34%	20	100%

通过追踪以上数据，他们发现的问题如下。

（1）平均收到的运营专员和市场专员的简历数量较少，最低仅 11 份/岗位；需具体分析渠道原因。

（2）运营专员和市场专员有效简历率虚高，考虑为简历投递过少导致降低筛选标准所致。

（3）整体电话邀约成功率不高，低于 80%；考虑提升招聘专员的邀约能力，并开发专业话术。

（4）整体面试到场率仅 54%，需具体追踪至每一位面试者，提升到场率；梳理现有的从邀约至到场过程中 HR 采取了哪些动作，进行流程管理。

表6-5　A公司某月招募渠道有效性分析

部门	渠道类型	渠道细分	投递简历	有效简历	有效率	电话邀约	有效邀约	邀约成功率	面试到场	到场率	报到入职	整体有效率
产品部、研发部	网络渠道	智联招聘	82	40	49%	33	22	67%	12	55%	4	4.88%
		前程无忧	73	31	42%	25	17	68%	7	41%	2	2.74%
		58同城										
		大街网	8	5	63%	4	4	100%	3	75%	1	12.50%
		电话/邮箱等										
	校园	校园招聘										
	其他	招聘会										
		推荐简历	0									
		合计	163	76	47%	62	43	69%	22	51%	7	4.29%
市场部、运营部、人力资源部	网络渠道	智联招聘										
		前程无忧										
		58同城	57	40	70%	34	27	79%	8	30%	3	5.26%
		大街网										
		电话/邮箱等										
	校园	校园招聘										
	其他	招聘会										
		推荐简历	1	1	100%	1	1	100%	1	100%	1	100%
		合计	58	41	71%	35	28	80%	9	32%	4	6.90%

续表

部门	渠道类型	渠道细分	投递简历	有效简历	有效率	电话邀约	有效邀约	邀约成功率	面试到场	到场率	报到入职	整体有效率
合计	网络渠道	智联招聘	82	40	49%	33	22	67%	12	55%	4	5%
		前程无忧	73	31	42%	25	17	68%	7	41%	2	3%
		58同城	57	40	70%	34	27	79%	8	30%	3	5%
		大街网	0	0		0	0		0		0	
		电话/邮箱等	8	5	63%	4	4	100%	3	75%	1	13%
	校园	校园招聘	0	0		0	0		0		0	
	其他	招聘会	0	0		0	0		0		0	
		推荐简历	1	1	100%	1	1	100%	1	100%	1	100%
		合计	221	117	53%	97	71	73%	31	44%	11	5%

通过对以上数据分析可知，在该公司某月招聘工作中，还存在以下可优化的地方。

（1）通过电话、邮箱等方式接收的简历数量虽较少，但有效性较高。

（2）内部推荐面试者有效性高。

（3）58同城、前程无忧和智联招聘作为主力网络渠道，但整体效率不高，在3%~5%之间。如果需要，应该进一步做各渠道的具体统计和深入分析，如广告效果分析等。

以上案例做的只是最基础、最常见的人力资源数据分析，因篇幅所限，这里就不过于展开分析了。

就招聘工作来说，人力资源从业者要想更好地完成任务，单纯追踪海量数据和时刻盯着"指标差"是不够的，他们需要能够透过数据的差异、时间规律、周期规律发现工作优化的方向，找出最优的改善方案。

三、人力资源过程管理数据分析——以培训为例

培训管理中常用的数据分析有：培训需求分析、培训成本评估、培训效果分析。

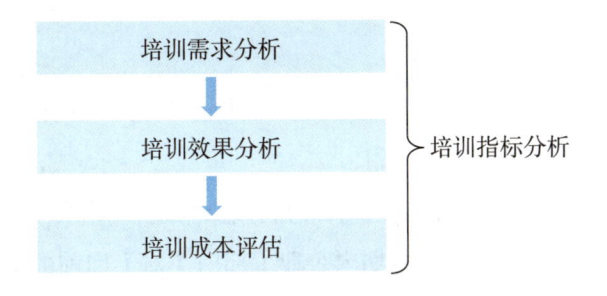

```
培训需求分析
    ↓
培训效果分析  } 培训指标分析
    ↓
培训成本评估
```

1. 培训需求分析

所谓培训需求分析,具体是指在开展规划与设计每项培训活动之前,培训部门通过各种技术、办法,对组织及成员的目标、知识、技能等方面进行系统的鉴别与分析,从而确定培训的必要性及培训内容的过程。培训需求分析就是采用科学的方法弄清谁最需要培训、为什么要培训、培训什么等问题,并对其进行深入探索研究的过程。它具有很强的指导性,是确定培训目标、设计培训计划、有效实施培训的前提,是现代培训活动的首要环节、是进行培训评估的基础,对企业的培训工作至关重要,是使培训工作准确、及时和有效的重要保证。

2. 培训效果分析

(1) 平均培训满意度

平均培训满意度 =（$TA_1+TA_2+\cdots\cdots+TA_n$）÷ 报告期内培训次数（$TA_n$ 是指某次培训的平均满意度）

平均培训满意度 = $\sum$报告期内某次培训某员工的满意度 ÷ 报告期内培训人次

(2) 培训测试通过率

培训测试通过率 = 通过测试人数 ÷ 参加培训人数

3. 培训成本评估

培训费用总额＝内部培训费用＋外出培训费用＝岗前培训费用＋岗位培训费用＋脱产培训费用

人均培训费用＝报告期内培训总费用÷报告期内员工平均人数

岗前培训费用是指报告期内企业（部门）对上岗前的新员工在企业文化、规章制度、产品知识、基本技能等方面进行培训所发生的费用。

岗位培训费用是指报告期内企业（部门）为使员工达到岗位要求以及完成产品知识更新而对其知识、技能进行培训而发生的费用。

脱产培训费用是指报告期内因企业（部门）根据工作的需要，允许员工脱离工作岗位接受短期（一年内）或长期（一年以上）的培训（即为员工提供继续深造机会）而发生的成本，其目的是为企业（部门）培养高层次的管理人员或专门的技术人员。

四、数据分析与应用案例——以培训为例

B 制造业公司人力资源部某月进行了培训需求调研分析，汇总统计数据如下。

表 6-6　B 公司培训需求调研分析表

问卷回收情况				
调查问卷（份）	回收（份）	整体回收率	主管领导回收率	员工回收率
278	236	84.9%	23.2%	76.8%
问卷调查结果				
内部问卷	中高层管理者	专业技术人员	一线操作工作	其他
您认为哪些是分管部门最需要的人才？	25%	55%	10%	10%

续表

问卷回收情况			
调查问卷（份）	回收（份）	整体回收率	主管领导回收率	员工回收率
	内部培训	外聘专家	专题讲座	经验分享
哪种培训形式比较适合所分管部门？	14%	56%	12%	18%
	拓宽视野	提升技能	丰富知识	升职、加薪
您认为培训对自己的帮助是？	15%	43%	21%	21%

通过以上数据，B 公司得出目前员工的培训需求统计结果并分析。

（1）本次发放问卷 278 份，回收 236 份，整体回收率 84.9%，其中主管领导回收率占比 23.2%，员工回收率占比 76.8%，问卷回收率超过 80%，调研回收率高。

（2）在调研"哪些是分管部门最需要的人才"时，55% 的人选择了专业技术人员，说明绝大多数部门仍缺乏专业技术人员。

（3）在调研"哪种培训形式比较适合所分管部门"时，56% 的人选择了外聘专家，说明绝大多数人需要通过高等技术的学习提升专业技能。

（4）在调研"认为哪些培训对自己有帮助"时，43% 的人选择提升技能，说明各个岗位人员对于提升技能的需求十分迫切。

最终，该公司决定组织中级技工进行员工职业技能鉴定培训认证，（包含高级技工、技师鉴定培训），同时，此类培训需求也是 B 制造业公司每年培训的主要工作。

表 6-7　B 公司培训成本及效果统计表

培训成本		
岗位培训人数	岗位培训费用（元/人）	费用合计（元）
20	8000	160000
问卷回收情况		
参与培训中级技工	通过高级技工认证	通过比率
20	18	90%

通过对 B 制造业公司培训成本和培训效果数据分析可知，在该公司某月招聘工作中，还存在以下可优化的地方。

（1）高级技工认证培训成本较高，8000 元/人。

（2）整体培训效果较好，在参与培训的中级技工 20 人中，通过高级技工认证的有 18 人，通过比率 90%。

五、人力资源过程管理数据分析——以绩效为例

绩效管理中常用的数据分析有：绩效工资的比例和员工绩效考核。

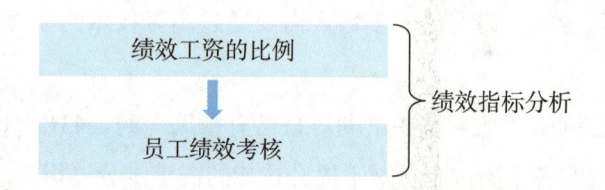

```
绩效工资的比例
      ↓              ⎫
                     ⎬ 绩效指标分析
员工绩效考核          ⎭
```

1. 绩效工资的比例

报告期内企业员工获得的绩效工资占工资总额的比例。

绩效工资比例 =（绩效工资总额 ÷ 工资总额）× 100%

2. 员工绩效考核结果分布

是指对报告期内企业（部门）员工绩效考核结果进行分类后，各类别员工数量以及占总数的比例。

某类员工比例 =（绩效考核结果为某类员工数 ÷ 员工总数）× 100%

通常每类绩效评级员工的比例分布应符合正态分布，如果出现某一类员工过多的情况，就应该重新审视绩效考核的指标标准是否过低或过高，或者存在人为因素。

六、数据分析与应用案例——以绩效为例

C互联网公司人力资源部某月进行公司各部门绩效考核，绩效考核表如下。

表6-8　C公司第一季度某部门绩效考核表

部门考评	部门自评	部门主管评分	相关性评价	综合评分	等级	评价等级				
						A	B	C	D	E
						≥95分	95＞x≥85分	85＞x≥75分	75＞x≥60分	＜60分
员工自评	部门成员	工作目标绩效达成	工作能力	工作态度	综合评分	等级评定		调整后等级		调薪幅度
	××	80	90	100	90.00	A				
	××	90	92	100	94.00	A				
	××	……	……	……		B				

为明确合理评价员工的工作成果、充分调动员工的积极性及创造性，达成持续改进之目的，人力资源部于该月组织完成了公司第一季度的绩效考核，本次参与绩效考核总人数为206人，不含副经理级以上人员及请假员工、未转正员工、非在编员工。

以下为各部门参与绩效考评评的人数、成绩分布、结构分析。

表6-9　C公司各部门绩效考评成绩分布

评价等级	评价得分	互联网产品部	营运部	销售部	业务支持	人事行政部门
A	≥95分	21.00%	19.00%	34.00%	24.00%	31.00%
B	95＞X≥85分	56.00%	48.00%	38.00%	43.00%	52.00%
C	85＞X≥75分	10.00%	8.00%	14.00%	25.00%	8.00%
D	75＞X≥60分	6.00%	12.00%	5.00%	2.00%	7.00%
E	＜60分	7.00%	13.00%	9.00%	6.00%	2.00%
各部门参与考评人数		76人	46人	53人	23人	8人

考核结果分析

（1）根据各部门绩效考核成绩分布，考核结果差异性不大，无法真实反映员工真实工作绩效，也无法将员工的成绩用好坏优劣区分开来，实际上此次的绩效考核并未达到预期的效果。

（2）各个部门的绩效考核形式过于流于表面，没有实质性的考核意义，无法起到考核的作用。

（3）从以上考核结果来看，可能存在两个问题：一是KPI指标设置不合理，指标值缺乏挑战性，大多数的员工都能轻松获得85分以上；二是考核流于形式，考核者并未真正按KPI考核标准进行评分。

综上，以上各部门之间的等级评分比例是不合理的，该公司的绩效考核体系亟待引入考核纠偏机制，尽可能地避免评分偏差，并保证各部门间的评分趋于整体平衡，保障绩效考核的公平、公正。

| 第三节 |
人力资源数据分析指标

人力资源管理的目的是在现有的人力资本能力基础上，通过一系列的人力资源管理运作，实现人力资源的效率目标。在此前提下，公司人力资源分析指标体系分为三个层次：人力资本能力层、人力资源运作能力层和人力资源效率层。

人力资本能力层指标主要包括与人力资本能力相关的人力资源数量、学历、结构、流动性、年龄、职称等方面的指标。

人力资源运作能力层指标主要包括反映人力资源基本运作流程，即人力资源规划—招聘配置—培训开发—考核评价—薪酬—劳动关系等各个环节的运作能力的基本指标。

人力资源效率层指标是人力资源管理所要达到的基本效率指标，也是人力资源战略实施的效果反映。

1. 人力资本能力

（1）人员数量指标

【定义】是指反映报告期内人员总量的指标。

①期初人数

【定义】是指报告期最初一天企业的实有人数，属时点指标，如月、季、年初人数。

②期末人数

【定义】是指报告期最后一天企业的实有人数，属时点指标，如月、季、年末人数。

③统计期平均人数

【定义】是指报告期内平均每天拥有的劳动力人数，属序时平均数指标。

【公式】月平均人数＝报告期内每天实有人数之和÷报告期月日数＝年初到统计时点月份的月人数之和÷月数

季平均人数＝（季内各月平均人数之和）÷3

年平均人数＝（年内各月平均人数之和）÷12

④员工增长率

【定义】是指新增员工人数与原有企业员工人数的比例。

【公式】员工增长率＝本期新增员工人数÷上年同期员工人数×100%

员工增长率通常情况下能反应企业的发展速度，给采用各种人力资源管理策略提供良好的参考价值。与此同时，这一指标往往也和销售、利润等指标结合起来研究，以判断企业的人均产出情况。

⑤新员工入职人数

【定义】是指现有员工人数减去原有企业员工人数。

该项指标可以作为企业考虑是否需要对基础职位的设置进行调整的参考。它还与培训需求有较大关联。

⑥新员工转正人数

【定义】是指获得转正的员工人数与新员工入职人数的比例。

对比新员工入职人数和新员工转正人数，可以看出员工招聘的质量。同时，也可以对培训、薪酬、岗位设置等工作提供参考数据。

（2）员工人数流动指标

是指企业内部由于员工离职与入职所发生的人力资源变动。

①人力资源流动率

是指报告期内企业流动人数（包括流入人数和流出人数）占总人数的比例。它是考察企业组织与员工队伍是否稳定的重要指标，报告期一般为一年。

流动率=(一年期内流入人数+流出人数)÷报告期内员工平均人数

流入包括招聘、调岗等渠道新进人员，流出包括辞退、调出岗位、退休等退出人员。

该指标与企业内部氛围强烈相关，通常而言，指标数据过大，表明企业内部的劳资关系、工作环境、员工关系等存在问题，容易造成生产效率低下；指标数据过小，企业缺乏新鲜血液，往往呈现出"死气沉沉"的情况。

②净人力资源流动率

【定义】净人力资源流动率是补充人数除以统计期平均人数，补充人数是指为补充离职人员所雇佣的人数。

【公式】净流动率=(补充人数÷统计期平均人数)×100%

③人力资源离职率

【定义】是指报告期内离职总人数与统计期平均人数的比例。其中离职人员包括辞职、公司辞退、合同到期不再续签（即终止合同）的所有人员，不包括内退和退休人员。

【公式】离职率=离职总人数÷统计期平均人数×100%=(辞职人数+辞退人数+合同到期不再续签人数)÷统计期平均人数×100%

④非自愿性的员工离职率

【定义】公司因违规而辞退员工、因开支紧张而精减员工等都可以算是非自愿性的员工流失。其实非自愿性的员工流失还不止这些，员工如果因事故发生死亡或者造成残疾而无法继续在工作岗位工作，从而导致合同中止也属于非自愿性员工流失。

【公式】非自愿性的员工离职率=[(解雇员工人数+因残疾而离岗人数+下岗人数)÷统计期平均人数]×100%

该指标通常与企业经营情况、员工工作环境等相关，而且能够提前反应出这些情况。如果数据过大，我们需要审视企业的生产力问题，以在问题爆发前进行解决。

⑤自愿性员工离职率

【定义】是指自愿离开企业的员工人数与统计期平均人数的比例。自愿性员工离职率可能受到很多因素的影响，其中包括员工的个人境况、公司的内部环境、行业的趋势和宏观的经济形势等。

【公式】自愿性的员工离职率 =（自愿性离职的员工人数 ÷ 统计期平均人数）× 100%

通俗的讲，员工的自愿离职可以用马云的话来解释：一、钱，没给到位；二、心，受委屈了。当该指标数据过大时，我们同样可以从这两个方面来进行排查：激励计划是否合理、员工能力特质与岗位是否匹配等。

⑥关键岗位员工离职率

【定义】是指处于关键岗位而自愿离开企业的员工人数与统计期平均人数的比例。此指标可能受到很多因素的影响，其中包括员工的个人境况、公司的内部环境、行业的趋势和宏观的经济形势等。

【公式】关键岗位员工离职率 =（关键岗位自愿性离职的员工人数 ÷ 统计期平均人数）× 100%

关键岗位的员工离职，对企业带来的影响要远远高于非关键岗位。对于关键岗位来说，人力资源部门需要花更多的精力来进行监控，一方面保证在岗人员的稳定性，另一方面，如果在岗员工有异动迹象，需要提前拿出应对举措。

⑦内部变动率

【定义】是指报告期内部门内部岗位调整、在公司内部调动的人数同总人数的比例。

【公式】内部变动率 =（部门内部岗位调整人数 + 企业 ÷ 集团内部调动人数）÷ 报告期内员工平均人数

组织的稳定性可以根据员工调动的频次来表明，人力资源工作者应该多关注调动员工的工作情况。

⑧员工晋升率

【定义】是指报告期内实现职位晋升的员工人数同总人数的比例。

【公式】员工晋升率=(报告期内实现职位晋升的员工人数)÷报告期内员工平均人数

内部员工晋升的统计趋势，能反映出企业内部管理人员的情况，为制订员工职业规划、改进员工职业发展提供参考。

(3)人力资源结构指标

人力资源结构分析是指现代企业人力资源的调查和审核，只有对企业内部结构充分了解后才能将有效的人员调动起来，人力资源规划配置才有意义。

①人员岗位分布

【定义】是指按照特定的岗位划分，报告期末企业(部门)各岗位上实有人员的数量以及所占总人数的比重。

【公式】各岗位人员数量以各公司人力资源部员工花名册数据为准

【备注】人员类别划分依据企业所处阶段和行业状况进行再规定。

②人员学历分布

【定义】是指按照学历划分，报告期末企业(部门)所有在岗员工的最高学历情况统计，包括各学历层次相应的人数以及相应的比重。

③人员年龄、工龄分析指标

a.人员年龄分布

【定义】是指按照年龄区间划分，报告期末企业(部门)实有人员在各年龄阶段相应的人数以及比重。

企业员工的理想年龄结构以三角形金字塔为宜。顶端代表45岁以上的员工；中间部位次多，代表36~45岁的员工；而底部人数最多，代表20~35岁的员工。

b.平均年龄

【定义】是指报告期末企业(部门)所有在岗员工的年龄的平均值。

c. 人员工龄结构分析

【定义】是指按照工龄区间划分，报告期末企业（部门）实有人员在各工龄阶段相应的人数以及比重。

【公式】各等级人员数量以各公司人力资源部员工花名册数据为准

d. 人员资质等级结构

【定义】是指按照职称体系划分，报告期末企业（部门）各职称等级上实有人员的数量以及所占总人数的比重。

【公式】各等级人员数量以各公司人力资源部员工花名册数据为准

e. 新增职位数量

【定义】是指每年比上一年新增加的职位数量。

f. 某职位人员更换频率

【定义】是指以年为周期，统计某职位上人员的更换频率。

2. 人力资源运作能力

（1）招聘指标

① 招聘成本评估指标

a. 招聘总成本

【定义】是指组织一次招聘活动所占用的全部成本的总和。

【公式】招聘成本 = 内部成本 + 外部成本 + 直接成本

内部成本为企业内招聘专员的工资、福利、差旅费支出和其他管理费用。外部成本为外聘专家参与招聘的劳务费、差旅费。直接成本为广告及招聘会支出、招聘代理及职业介绍机构收费，与大学招聘费用等。

b. 单位招聘成本

【定义】是指在一次招聘活动中每招聘一位员工所占用的成本。

【公式】单位招聘成本 = 招聘总成本 ÷ 录用总人数

② 录用人员评估指标

录用人员评估指标是指在一个周期的招聘中，对根据招聘计划录用的人员的质量和数量进行评估，它有利于对工作进行总结。招聘工作的效率问题与招聘人员的质量和数量可以通过以下几个方面来验证。

a. 应聘者比率

【定义】应聘者比率是指某岗位应聘人数与计划招聘人数的比率。

【公式】应聘者比率=（应聘人数÷计划招聘人数）×100%

b. 员工录用比率

【定义】是指某岗位录用人数与应聘人数的比率。

【公式】录用率=（录用人数÷应聘人数）×100%

该比率越小说明可供筛选者越多，实际录用的员工质量可能比较高；该比率越大，说明可供筛选者越少，实际录用的员工质量可能比较低。

c. 招聘完成比率

【定义】是指某岗位录用人数与计划招聘人数的比率。

【公式】招聘完成比率=（录用人数÷计划招聘人数）×100%

该比率说明招聘员工数量的完成情况。该比率越小，说明招聘员工数量越不足。该比率为100%则意味着企业按计划招聘到了所有需要的员工。

d. 员工到位率

【定义】是指某岗位实际报到人数与通知录用人数的比率。

【公式】员工到位率=（到职人数÷录用人数）×100%

该指标反应了招聘工作的实际完成情况，通常我们可以用来分析不同渠道的招聘质量。比如A通道的到位率远高于B通道，则B通道显然应该成为重点渠道。

e. 同批雇员留存率

【定义】是指同一批次招聘入公司的雇员直至统计时间为止，仍然在职的人数同同批雇员初始人数的比例。

【公式】同批雇员留存率=同批雇员留存人数÷同批雇员初始人数×100%

f. 同批雇员损失率

【定义】是指同一批次招聘入公司的雇员直至统计时间为止，所有离职人员人数同同批雇员初始人数的比例。

【公式】同批雇员损失率 = 同批雇员离职人数 ÷ 同批雇员初始人数 × 100%

同批雇员损失率 =1- 同批雇员留存率

同批雇员留存率和同批雇员损失率反映了员工流失状况，员工流失状况又说明了员工对企业的满意度。

③招聘渠道分布

【定义】招聘渠道分布是指某单位录用员工通过各渠道进入的数量分布及相应比重。

【公式】按企业为边界，

内部招聘比率 =（内部招聘人数 ÷ 录用人数）× 100%

外部招聘比率 =（外部招聘人数 ÷ 录用人数）× 100%

④填补岗位空缺时间

【定义】填补岗位空缺的时间是用来衡量一个组织从某个岗位出现空缺到雇佣到该岗位候选人的平均天数。

【公式】填补岗位空缺的时间 = 填补岗位空缺所花费的总天数

（2）培训指标

①培训人员数量指标

a. 培训人次

【定义】是指报告期内企业（部门）每次内部培训和外出培训的所有人数累计之和。

【公式】培训人次 $=N_1+N_2+……N_n$

其中 N_n 指某次培训参加培训的实际人数。

b. 内部培训人次

【定义】是指报告期内企业（部门）每次内部培训的所有人数累计之和。

【公式】培训人次 =$N_1+N_2+\cdots\cdots N_n$

其中 N_n 指某次内部培训参加培训的实际人数。

c. 外部培训人次

【定义】是指报告期内企业（部门）每次外出培训的所有人数累计之和。

【公式】培训人次 =$N_1+N_2+\cdots\cdots N_n$

其中 N_n 指某次外部培训参加培训的实际人数。

d. 内外部培训人次比例

【定义】是指报告期内企业（部门）组织员工内部培训和外出培训两种形式培训人数的比例。

【公式】内外部培训人数比例 = 内部培训人数 ÷ 外部培训人数

e. 依岗位类别计算的受训人员比率

【定义】受训人员比率用来衡量某一部门接受培训的员工人数，以及该部门受训员工数目在整个组织的培训人数当中所占的比例。

【公式】依岗位类别计算的受训人员比率 = 某一岗位类别受训员工的人数 ÷ 接受培训的员工总人数

这种计算可以明确显示出公司对各类员工的培训的投资水平与培训的重点所在。

②培训费用指标

a. 培训费用总额

【定义】是指报告期内企业（部门）为员工培训所花费的费用总额，即内部培训费用和外出培训的费用之和，或者是岗前培训费用、岗位培训费用和脱产培训费用之和。

【公式】培训费用总额 = 内部培训费用 + 外出培训费用 = 岗前培训费用 + 岗位培训费用 + 脱产培训费用

b. 人均培训费用

【定义】是指报告期内企业（部门）每位员工平均花费的培训费用。

【公式】人均培训费用＝报告期内培训总费用÷报告期内员工平均人数

c. 岗前培训费用

【定义】是指报告期内企业（部门）对上岗前的新员工在企业文化、规章制度、产品知识、基本技能等方面进行培训所发生的费用。

d. 岗位培训费用

【定义】是指报告期内企业（部门）为使员工达到岗位要求以及完成产品知识更新而对其知识、技能进行培训而发生的费用。

e. 脱产培训费用

【定义】是指报告期内因企业（部门）根据工作需要，允许员工脱离工作岗位接受短期（一年内）或长期（一年以上）的培训（即为员工提供继续深造机会）而发生的成本，其目的是为企业（部门）培养高层次的管理人员或专门的技术人员。

f. 培训费用占薪资比

【定义】是指报告期内企业（部门）员工培训各项费用之和同该时期内员工工资总额的比例。

【公式】培训费用占薪资比＝报告期内培训费用÷报告期内工资总额×100%

培训费用占薪资比并不是越高越好，该比率的合理水平一般为2%~5%。

g. 内外部培训费用比例

【定义】是指报告期内企业（部门）员工内部培训费用与外部培训费用的比例。

【公式】内外部培训费用比例＝内部培训费用÷外部培训费用

③培训效果指标

a. 平均培训满意度

【定义】是指报告期内企业（部门）员工对此期间内的所有培训的

平均满意程度。

【公式】平均培训满意度＝（TA_1+TA_2+……+TAn）÷报告期内培训次数

其中 TAn 是指某次培训的平均满意度。

【公式】平均培训满意度＝∑报告期内某次培训某员工的满意度÷报告期内培训人次

培训满意度越高培训效果越好。

b. 培训测试通过率

【定义】是指报告期内企业员工参加培训后进行测试的通过率。

【公式】培训测试通过率＝通过测试人数÷参加培训人数

（3）绩效管理指标

①绩效工资的比例

【定义】是指报告期内企业员工获得的绩效工资占工资总额的比例。

【公式】绩效工资比例＝（绩效工资总额÷工资总额）×100%

②员工绩效考核结果分布

【定义】是指报告期内企业（部门）员工绩效考核结果进行分类，各类别员工数量以及占总数的比例。

【公式】某类员工比例＝（绩效考核结果为某类的员工数÷员工总数）×100%

正常情况下，该指标应该呈现正态分布的趋势。如果偏离正态分布过于明显，我们需要反查绩效体系是否合理或者执行过程是否被人为干扰。

（4）薪酬指标

①外部薪酬指标

a. 不同行业薪酬水平

【定义】是指国内不同行业平均薪酬水平状况。

通过比较不同行业平均薪酬水平状况可以反映某企业所处行业的

特点和总体薪酬水平。

b.不同地区薪酬平均水平

【定义】是指国内一、二、三线城市的平均薪酬水平。

对不同地区薪酬水平进行比较,可以成为某公司制定有竞争力的薪酬的参考依据。

②内部薪酬指标

a.工资总额

【定义】是指报告期内企业(部门)所有实有员工的应发工资总额。

【公式】工资总额 =$I_1+I_2……+I_n$

其中,In 是报告期内企业某位员工的应发工资。

b.运营维持性工资总额比率

【定义】是指报告期内企业(部门)用于实现和维持企业运营目标任务的工资额与工资总额的比例。

【公式】运营维持性工资额比率 = 报告期内运营维持性工资额 ÷ 报告期内工资总额

通过有效区分维持性和投资性人力支出,可以更加科学和客观地了解企业在人员方面的支出。

c.人均工资

【定义】是指报告期内企业(部门)平均每位员工的工资额。

【公式】人均工资 = 报告期内工资总额 ÷ 报告期内员工平均人数

人均工资的统计,一般可以结合员工分类统计,也可以结合不同的时间跨度统计,这样就可以通过二维数据来分析实际问题。

d.年工资总额增长率

【定义】是指报告年度企业(部门)工资总额同上年度相比所增加的比例。

【公式】年工资总额增长率 = 报告年度工资总额 ÷ 上年度工资总额 ×100%−1

一般可以结合员工分类，分层级进行统计数据。

e. 年人均工资增长率

【定义】是指报告年度企业（部门）人均工资同上年度相比所增加的比例。

【公式】年人均工资增长率＝报告年度人均工资 ÷ 上年度人均工资 ×100%-1

年人均工作增长率，需要结合企业的营收增长情况、以及市场平均水平来进行核定。

f. 保险金额

【定义】是指报告期内企业（部门）为其所有员工依法缴纳的社会保险的费用总额。主要包括养老保险、失业保险、医疗保险、工伤保险、生育保险和住房公积金，即"五险一金"费用。

【公式】保险总额＝养老保险＋失业保险＋医疗保险＋工伤保险＋生育保险＋住房公积金 ＝$A_1+A_2+\cdots\cdots+An$

其中 An 指报告期内为某位员工实际缴纳的社会保险金额。

g. 人均保险

【定义】是指报告期内企业（部门）为每位员工平均所缴纳的社会保险金额。

【公式】人均保险＝报告期内所缴保险总额 ÷ 报告期内员工平均人数

（5）劳动关系指标

①劳动合同签订比例

【定义】是指某组织所有人员中签订劳动合同的人数及占总人数的比重。

【公式】劳动合同签订比例＝签订劳动合同的人数 ÷ 报告期员工内平均人数

②职工社会保险参保率

【定义】是指组织为职工参加社会保险（职工养老、医疗、工伤、失业、生育保险）的比率。

【公式】职工社会保险参保率＝参保人数÷报告期内员工平均人数

3. 人力资源效率指标

人力资源效率指标是用来反映人力资源投入和产出比的指标，可以比较直观地反映人力资源利用的效率。

（1）全员劳动生产率

【定义】是指根据产品价值量计算的平均每一个员工在单位时间内的产品生产量。

【公式】全员劳动生产率＝报告期工业总产值÷报告期员工内平均人数

（2）人均销售收入

【定义】是指根据报告期内的销售收入计算的平均每一个员工的销售收入。

【公式】人均销售收入＝报告期内销售收入总额÷报告期内员工平均人数

该指标反应了企业的整体效率，用于与同类企业对比，可直观反应出本企业在行业中的竞争力。

（3）人均净利润

【定义】是指根据报告期内的净利润计算的平均每一个员工的净利润。

【公式】人均净利润＝报告期内净利润总额÷报告期内员工平均人数

人均净利润是考核企业效益的指标。对处于成熟期的企业进行同业间的比较普遍适用。

（4）万元工资销售收入

【定义】是指根据报告期内的销售收入计算的平均每万元工资所能产生的销售收入。

【公式】万元工资销售收入＝报告期内销售收入总额÷报告期内工资总额

一般而言，万元工资销售收入越高，企业效率越高。

（5）万元工资净利润

【定义】是指根据报告期内的净利润计算的平均每万元工资所能产生的净利润。

【公式】万元工资净利润＝报告期内净利润总额÷报告期内工资总额

一般而言，万元工资净利润越高，企业效益越高。

（6）万元人工成本净利润

【定义】是指根据报告期内的净利润计算的每投入单位人工成本所产生的净利润。

【公式】万元人工成本净利润＝报告期内净利润总额÷报告期内人工成本

人工成本＝工资总额＋各类保险总额[①]

该指标反应了企业盈利能力的强弱，对于企业的生存至关重要。但是，随着互联网的扩张，一些新的经济体并不以盈利以核心，而是以规模、营收或者市场占有率为核心指标。在这类新经济公司中，不必过于看重该指标。

[①]《人力资源分析指标解析》，http://www.360doc.com/content/16/0304/18/2975916１_539423394.shtml，引用日期：2016-03-04。

CHAPTER VII

The Regeneration of Human Resource

信息化在人力资源各模块工作中的应用

| 第一节 |
信息化让员工关系更"安全无忧"

2017年，中国工程院院士邬贺铨提出，现在，我们已经进入一个"大智物移云"的时代，即大数据、智能化、物联网、移动互联网、云计算时代。人力资源管理系统也越来越与大智物移云接轨。人力资源管理信息化，是新经济时代下人力资源管理发展的趋势，更是基础。市场竞争的日益激烈使企业将更多精力集中在市场、产品及营运上，这就需要内部人力资源管理更节能、更便捷、更准确、更高效。企业经营规模的扩大势必会引起内部管控的难度加大，采用传统经营管理模式，就不得不增加职能岗位管理人员，这会使企业人工成本迅速上升，于是人力资源信息化系统应运而生。

人力资源管理信息化是人力资源发展到一定阶段之后的必然产物，也是企业人力资源管理发展的方向，是未来企业竞争的重要武器，更是企业在激烈竞争中取得先机的制胜法宝。人力资源管理信息化将人力资源管理工作者的思考重心从烦琐的事务性工作转移至与企业主价值链更为息息相关的经营战略、员工满意度提升、企业雇主品牌建设、企业管理层战略决策中。

人力资源信息化可以解决困扰众多人力资源从业者已久的工作问题，其中极为重要的模块即员工关系管理。

员工关系管理可以说是人力资源管理中最基础而又最重要的模块。员工关系版块从狭义上说包括员工各类信息管理、员工证照管理、员工档案及资料管理、入离职管理、在职管理、制度管理、劳动纠纷管理、工伤工亡管理及各类仲裁管理、员工沟通管理、员工情绪管理等；从广义上讲，员工关系管理则是指在企业人力资源体系中，由各级管理人员和人力资源职能管理人员通过拟订和实施各项人力资源政策和管理行为，以及其他的管理沟通手段调节企业和员工、员工与员工之间的相互联系和影响，从而实现组织的目标并确保为员工、社会增值的活动。

大多数非大型企业 HR 没有办法将员工关系管理提升至员工"关系化"管理，而仅仅停留在员工档案、入离职、员工花名册信息管理等基础性事务上，对劳动法也是知之甚少；他们没有精力建立完善且优秀的制度、机制与流程，只能"亡羊补牢"，做一名"救火英雄"——面对劳动纠纷、工伤工亡及各类仲裁时闭门思过、狠啃条款、猛改制度等。

要想真正将员工关系管理模块变成企业人力资源管理的坚实地基，必须将可流程化、信息化的管理事件通过标准统一、流程统一的信息化手段实现。

在狭义的员工关系管理中，员工各类信息管理、员工证照管理、员工档案及资料管理、入离职的完善流程管理容易占据 HR 大量的时间，却无法取得优质的效果。如果能将这些管理采用统一标准、快捷迅速的信息化系统管理，那么将会取得事半功倍的效果，举例来说。

（1）员工花名册信息需要更加完善、要符合各行各业的模板。在此基础上，一键式导入花名册可以给 HR 的工作带来极大的便捷——当员工人数增长到一定数量时，传统型表格式管理数据庞大、信息混乱的特点会使员工花名册管理陷入"有不如没有，剪了乱、理更乱"的局面。

同时，员工档案管理及员工录入的各类信息需采用自助式信息化管理方式，由员工自行录入且强行规定必填项，之后，HR再进行整理、核对工作。若有未填翔实者可退回至员工手机端由员工再进行修改至准确翔实信息后方可确认无误，审核通过。员工档案采用信息化管理，拍照上传，在手机端及PC端均能实现一键式查询与打印。如此，员工档案管理才可真正算是"档案库带着走，随时在手随时查"。

（2）通过员工信息自动生成各类人力资源报表及人事仪表盘。高阶人力资源管理的核心在于"数据化管理"，以下通过信息化仪表盘展示几种数据。

事实型数据：如员工男女比例、全国分布、籍贯归属地等。

动态型数据：如员工换岗率、核心员工流失率、员工流动率、新员工转正率等。

整合型数据：如员工满意度、员工敬业度、测评数据等。

（3）新员工入职所需文本文件是降低用工风险极为重要的环节，填写信息需要完善、完备，不可遗漏。通过信息化手段，可将传统入职流程中烦琐的多重手工表格填写工作，调整为自动更新至信息化系统，可使员工及HR迅速方便地实现信息汇总与核对。在这样的情况下，新员工的入职体验也将大大改善，更能体现出"优秀员工关系管理"的真谛。

（4）采用信息化管理员工信息可将"劳动关系"管理提升到更高层级。信息化系统可自动对员工填写的信息进行风险评估，并自动提示出风险点，按重要性排序展示。如此一来，即使HR不能记住所有劳动法条款，也可在信息化系统中将各风险点一一确认。更方便HR采取针对性"补牢"措施，不至于想要补救也"无法可依"。自然，在人力资源信息化系统中，一键查询各地劳动法律条款功能是不可或缺的。

总结下来，我们可以发现，员工关系管理采用信息化系统实现有以下特征。

1. 信息传递无纸化

信息化系统下的员工关系管理可提升员工的入职及在职体验,将信息传递过程通过无纸化形式实现。

2. 信息统计分析无表化

大多数情况下,HR需要将大量工时浪费在埋头"赶"各类表格中。而信息化系统下的员工关系管理可实现信息统计及分析无表化、自动化,让HR不再埋头于各类人力资源基础信息及表格信息的填写与整理,使HR从烦琐的日常基础性、程序性工作中解脱出来,将更多时间与精力放在真正广义上的"员工关系"管理中,提升组织总绩效。

3. 信息共享更便捷

在信息化系统中进行员工关系管理,可使上下级及员工之间实现信息的交流与共享。例如,上级需要在权限范围内迅速调看某位员工的档案、简历、入职时间、入职填写的材料或毕业证书等,不用再像过去需要翻阅大量档案,而仅需通过电脑或手机端即可查阅。

4. 调阅的权限管理更严格

普通管理模式并不能防止有部分权限的管理人员查阅或调取管理权限范围内的档案及资料。保存大量纸档资料与信息也是极为耗费精力的工作,尤其是有较多分、子公司或驻外办事处的企业。例如,每年的工资表及工资条、每名员工的全部二级档案、每名员工接受制度体系培训的签收条、每名员工晋升调岗的全部资料等。实操过程中,权限级别不够的管理人员违规进行档案及信息读取的事件屡屡发生,采用信息化系统管理,就可以严格设置不同级别人员的管理权限与信息读取范围,极大地规避了此类风险。

5. 沟通更灵活、更准确且直达要害

采用信息化系统进行员工关系管理，员工与人力资源管理者之间的沟通会更灵活更方便。不仅因为有员工自助进行信息录入、HR进行审核加重资料信息准确性的"双保险"，也更符合新生代员工的生活习惯——手机端录入，而让员工与HR之间实现"双满意"。无论外地或本地员工，均可就某一项人力资源管理事件及时反馈并进行回复。

采用信息化系统进行员工关系管理是实现"员工信息及时动态管理"的捷径。

| 第二节 |
信息化工具使招聘成为"高速公路"

招聘与配置是人力资源管理模块中与人力资源规划最为接近的模块，却极少有HR将人才招聘与配置做到极致，如今，招聘工作更是成为HR管理工作中的重点与难点。HR每天有大量的时间忙于搜简历、下载简历、与部门负责人一一沟通简历是否符合需求及确定面试时间、环节，面试官等，而真正花在与面试人员沟通、进行人才判断上的时间少之又少。

同时，来源于各渠道的简历让人眼花缭乱，根本无法在短时间内迅速作出初筛判断，只能靠人工一一点击查阅完成简历初筛。至于人才库的管理则是采用原始的人工分配与管理的方式进行，某些中小企业HR甚至对如何将初筛过的简历及面试后的简历进行人才储备的管理一窍不通。大量储备型人才的流失，不仅耗费了HR在招聘中的精力，更让HR的招聘工作产生很多重复性工作。至于招聘流程控制更

是让 HR 有苦难言——面试官的面试时间不确定导致面试者流失、面试官不明确自己的待入职人才导致面试工作反反复复，这都是招聘流程沟通协作往往要花费大量时间的原因。

关于挖掘高潜人才、分析市场薪酬、提高职位发布效率等工作，他们无暇顾及。这导致 500 人以下的企业 HR 在实力上停滞不前，进阶的程度、效率均无法与大型集团公司的 HR 相比。正是因为大型集团公司有完善的人力资源信息化系统，才能够将大量浪费 HR 时间与精力的痛点一一解决，并利用信息化系统帮助 HR 进阶。

以招聘流程为例，HR 在就候选人是否符合用人部门要求与用人部门沟通，以及与用人部门协调时间上花费的时间至少占整个招聘流程的 30% 甚至更多。有数据显示，因为面试时间、面试流程安排的不稳定导致的潜在人才流失高达 40%。招聘信息化系统可以使系统管理人一键导入不同来源的简历、自动更新至简历人才库中，并根据 HR 提前设置好的不同关键词、工作经历、公司等自动进行分类汇总。在此基础之上，拥有相关权限的 HR 及面试官可以灵活调用并查阅简历，这将大大缩短 HR 在就潜在候选人与面试官协调与沟通上耗费的时间。参与到招聘流程中的每一位成员，无论是 HR 抑或是用人部门的面试官，都可以在系统中进行简历筛选、管理及调阅，使用统一的列表来处理和检查招聘事务，既节省招聘中间环节中的沟通成本，更使招聘面试和录用标准在协同上更为高效。

在网络上，被面试者"吐槽"最多的是"面试路上一小时，面试等一小时，面试时间 2 分钟，面试官匆匆赶去开会了"。如今企业招聘难的一个重要原因是人越来越多、人才越来越少，而可供人才挑选的企业却越来越多。这就需要企业在招聘过程中提升效率、提升潜在员工——即候选人的面试体验与入职体验。

在传统面试流程中，面试者越多，需要协调的面试官也越多，HR 往往要耗费很大精力与面试官安排面试时间。

招聘信息化系统则可以帮助候选人和面试官安排集中面试，这使得招聘有效时间占比提高至90%。HR可通过一键向用人部门推荐简历，使面试官从简历初筛就参与整个招聘流程、对普通候选人与核心候选人有更深的理解与认知；更可以通过设置，让用人部门与HR共同确定筛选标准及录用标准，有可能的话，还可以提前在系统中约定面试考评维度并统一考评标准。

招聘类信息化系统应实现：经过HR通过关键词、关键工作经历、关键阅历初筛过的简历能直接推送至用人部门或指定面试官的邮箱。用人部门查看过简历后只需点击一个按钮，"同意约定面试"或"淘汰，不予面试"即可对初筛简历作出处理，大大提升沟通效率与面试效率。

最重要的是，HR必须使用信息化工具直接"管理"面试官，成为面试官的小秘书。信息化工具让面试官可以直接通过手机端或电脑端直接调阅、查看已通过审核的待面试候选人简历，其中标注有日程及初试与复试面试官，避免时间冲突。

HR在面试官确认面试流程、行程、简历后，可通过信息化系统发送面试通知，面试官也可方便快捷地通过手机端查看这些日程及简历。

根据流程，在面试结束后，面试官应该立即给予反馈，但在实操过程中，很多面试官会遗忘或者有意避让填写，而信息化系统是唯一不可能绕开的"流程机制"。在招聘信息化系统工作环境下，面试官会接受到HR的面试反馈提醒，提醒面试官马上给出面试后的评估与反馈，"待定、进入下一轮面试还是淘汰？原因又是什么？"是必须填写的。如此一来，面试官会更容易在面试结束后进行判断与选择，而不会因为工作繁忙遗忘，也可以给后续复试的面试官一定的参考。

在使用面试评价时，招聘信息化系统能自动根据行业或岗位特征提供面试评价的基本要素或自动生成面试评价表，并提供打印功能。HR在面试完成或复试之前可将之前的面试评价表进行打印。使用信息化系统可以使HR在招聘需求确认之时，即可自定义某岗位需进行评价的要素、方向以及关键词，使面试官可以及时、准确、方便快捷地在信息化系统中完成自定义的面试评价表。

面试流程的末端必定是录用，完善的信息化管理工具可以自定义 Offer 的格式、文字，并可提供行业参考意见。HR 仅需挑选合适的模板，填入关键字句之后即可生成 Offer 通过邮箱进行发送。面试者接受 Offer 时只需点击"接受"或"不接受"，招聘信息化系统即可将此人的信息导入"待入职候选人"。当待入职候选人进入企业、扫描二维码之后，便可在手机端进行《入职登记表》的填写，HR 在后台可接受通知进行确认，填写不详尽的可返回至员工处继续完善。

招聘信息系统更为方便的功能即"人才库"的建立。那些在当下并未被录用、但已通过初试的候选人，可由面试官或 HR 建议录入至人才库。HR 及面试官不需要额外进行其他操作工作，即可一键式将人才录入人才库。同时，招聘信息化系统可自动根据简历来源的不同将其分类汇总、统一管理，HR 及面试官根据权限的不同可对其进行调用及处理。

招聘及面试工作的难点在于招聘面试的数据统计与分析。不同的渠道来源、不同的录用率、不同的岗位面试率及到岗率、初试率、复试率、录用率的多重维度分析使 HR 在进行期末总结及汇报分析时享受到"高速公路"的"快"感。自动生成的各类统计报表、自动导入导出、选择性打印、设置规则等让 HR 将整个招聘工作运筹帷幄。

总结一下，信息化系统在招聘工作中的使用主要体现几个方面。

1. 规避招聘与面试流程环节中的"漏洞"

在信息化系统流程的规范下，面试官与 HR 均能将各自的职责、权限、责任分工、流程管控等划分清晰，使招聘与面试的管理工作更加完善。

2. 候选人与 HR 之间的沟通与交流更加顺畅高效

招聘信息化系统的使用，例如信息化面试日程表、在线面试评价表、手机端入职登记表等使 HR、面试官、候选人之间的沟通更加高效、方便，候选人及面试官的满意度也可大幅提升。

3. 将招聘与面试管理工作延伸

招聘与面试的延伸工作有很多，从招聘前的人才测评，到面试结束后人才库的建立，再到每月、季度、年度的招聘与配置数据分析。采用传统招聘管理模式，HR 几乎没有精力做这些，更不得其法，而招聘信息化系统不仅提供了工具，更直接输出内容，仅需 HR 学习系统工具的使用，并结合系统工具进行企业内招聘工作的改善即可。如此一来，做招聘的 HR 的进阶也就会比他人更快。

第三节
信息化系统在薪酬管理中的作用

由于创业型企业、中小民营企业的大量崛起，HR 管理者的需求也越来越多，这给了 HR 更多从业机会，也暴露出 HR 从业者专业性的欠缺。他们可能还未经过系统性的实战培训就已经跳槽成为某家企业的管理者；或者因为在上一家企业仅参与薪酬发放却未曾参与薪酬设计工作，在进入新的企业时对薪酬结构的调整及薪酬的变革感到手足无措。

信息化系统会给 HR 从业者带来更多进阶的方便性。薪酬的信息化是检验企业信息化成果的重要标准，也是企业人力资源管理信息化的主要目的之一。

现阶段，企业薪酬管理面临的重要困局有以下几点。

第一，薪酬管理相关规则与制度不明确。很多企业因为各种人为因素导致薪酬设计与发放的众多规则不明确或经常变动，常常导致薪酬不公平、发放不合理。例如，假期与调休的设置"人情化、差异化"、薪酬发放日期及规则变动频繁、工资条的发放"随意性大"等。

第二，企业组织架构复杂，各分子机构薪酬结构不统一，种类繁多。有部分连锁企业或异地分、子公司众多的企业因为架构复杂、机构繁杂且在异地较多，管理难度极大。薪酬发放随意及薪酬结构不统一的情况时常存在，企业职能总部对于分、子公司及分支机构的薪酬管理十分困难。

第三，采用传统表格化管理薪酬容易导致薪酬计算、发放的错误较多。因此，HR需要层层审核，多次、反复进行各项工作。例如，每名员工每天的考勤统计、每个部门薪酬计算表、发放表、工资条的计算、核对及打印格式调整。一旦有一个表格出现问题，就需要人工进行关联数据及表格的调整与重新计算。通常情况下，人工制作300人以上的考勤表、工资表，需要3人/次的审核，一旦发现错误就需要将关联公式重新计算，有任何一个地方没有检查到位可能就会出现错发、漏发等各种情况。

薪酬模块的信息化系统则完美规避了以上问题。薪酬管理信息化系统首先将考勤与薪酬进行逻辑关联，由HR进行考勤计算规则的设置。定制考勤模式，手机端的考勤程序与电脑端考勤计算统计为一体，考勤时间、地点、调休、坐班、排班、加班等均可以提前根据企业管理规则、制度进行设置，异地公司的设置与总部职能的设置保持一致。考勤报表一键生成、考勤数据自动同步至工资。假期额度与审批自动关联，可在员工关于假期的审批之后自动计算额度。员工则可通过手机方便快捷地查询假期额度。

对于异地分、子公司较多的企业，由总部职能管理人员进行上下班时间设置、考勤地点设置、调休与加班设置，及员工迟到、早退、旷工和全勤奖的扣减规则的设置等。如此，既可与总部管理一致，亦可根据不同分、子公司的组织特征予以单独设置，更方便有管理权限的总部或相关人员进行统一管理、实施监督。

在薪酬信息化系统中，设置薪酬科目即薪酬结构是一项重要功能，也是更具专业性的功能。很多 HR 对于传统工作分析及薪酬结构的拆分模糊不清，而信息化系统中基于大量用户数据、由专业人士进行分析及配置的专业行业参考案例可以让 HR 在初次进行薪酬结构划分时再无后顾之忧。通常情况下，信息化系统中的薪酬设置除各种考勤、薪酬计算规则与制度机制流程设置以外必定会包含薪酬结构设置，不同岗位序列、不同部门甚至不同周期均可根据实际情况进行薪酬结构的调整，大大增加了薪酬管理的便利性与高效性。

个税的计算与抵扣自然也是薪酬信息化系统的必备功能，HR 只要按公司管理规定将个税计算方案进行设置，系统就能进行一秒自动计算，完全不用花费额外时间。更困扰 HR 的是，在企业中经常有不同部门或不同人员的计税规则不一样，使用传统方式进行计算，就要额外再行计算一次特殊人员的计税方案，使用信息化系统则可以直接对其进行设置，与计算工资薪酬之时合并一键式计算，自然又能节省不少时间。

薪酬结构中的补贴方案设置一般需要与考勤进行挂钩，例如加班补贴、出勤补贴等。在传统工资表制作流程中，流程通常如下。

（1）根据考勤计算规则计算并制作考勤统计与计算表。

（2）根据津补贴计算方案计算并制作津补贴计算表，将员工考勤结果与津补贴的计算规则一一比对，代入计算。

（3）将结果填入部门及员工薪酬计算发放表中。

在这个过程中，某个环节出现错误则需要再来一次。而使用薪酬信息化系统仅需将薪酬结构设置中津补贴类设置方案根据公司管理规定进行设置，再一键式启用后，某些需要每个月与员工考勤有关的净补贴即可自动代入计算。

薪酬信息化系统中另外一个占相当大比重的是"工资条"的制作与发放。工资条在传统手工模式下需要单独设计、单独打印，数据从薪酬发放表中读取，极易出现错误。采用信息化系统，则仅需选择对应计薪月份，直接同步薪酬数据、发放工资条，数据即可马上同步。发放工资条的形式也可以多种多样，在信息化系统下由员工本人在手机端点击"确认"即可，不再需要由专门人员打印并找员工签字。这对于异地办公的分、子公司、分支机构、连锁店铺不可说不是"薪酬发放的利器"，至少节省了过去 90% 的工作与时间。

HR 在轻松、愉悦的状态下感觉自己的工作迅速提升。在信息化背景下，企业自行选择计薪周期，月、季、年等报表均可一键生成，彻底摆脱 Excel 的反复处理。多角度、多维度实现各种明细表、汇总表、成本表的统计及展示；更可深度解析部门、组织条线、分支机构等多维度用人成本。数百种薪酬统计与分析报表不仅可以自由打印，更可以生成 PDF、WORD 等多种格式，还可以下载多种格式的分析报表，HR 将原来用于制作表格、进行分析的大量时间与精力节省下来，用于进行不同维度的薪酬分析，制作漂亮的薪酬分析报告。此时，HR 才可将自己的思维方式进行调整，用运营思维、产品思维进行人力资源管理，获取更多进阶空间。

从最初的人力资源信息化开始，就是针对当时人力资源管理工作中最复杂、最繁重的部分——薪酬计算的。随着计算机技术的飞速发展，第二代薪酬管理系统在解决薪酬计算问题的基础上，开始记录员工的其他基本信息，包括薪酬的历史数据等，并已经开始有了报表生成与薪酬数据分析功能的雏形。到了第三代人力资源管理系统时，用集中的数据库将大部分与人力资源相关的数据如个人职业生涯的设计、岗位描述、招聘、培训、薪酬、福利、职位管理、绩效管理、个人信息和历史资料进行统一管理，形成了集成的信息源，并通过规范和完善的业务流程，实现流程的自动化协同工作。此时的人力资源信息化系统不仅有更加方便快捷的用户界面，更具备强有力的分析工具。而现阶段人力资源信息化薪酬系统则基于"大智物移云"的基础，使得薪酬数据更具安全性、操作更具指导性、效率更高、分析更准确，从而使得企业管理三驾马车之一的薪酬管理不再成为使 HR 困扰的管理模块，而成为提升企业薪酬激励和员工满意度的重要渠道与方式之一。

第四节
绩效管理信息化运用

　　绩效管理的信息化运用会比薪酬难度更大，因为企业特征不同、行业特征不同、企业发展阶段不同，绩效管理闭环也是不同的，即使同一家企业，不同岗位序列也会采用不同的绩效管理方式。绩效管理闭环有两大循环系统，即大循环与小循环，前者包括：绩效管理环境的搭建、绩效设计、绩效实施与反馈、绩效评估与改进；后者包括：绩效计划、执行、绩效辅导与反馈、绩效结果运用。在绩效管理的大小循环中，能够采用信息化系统实现的主要是小循环中的实施阶段，也就是绩效考评打分及结果反馈。

　　绩效信息化系统能够满足采用 KPI、360、MBO、BSC 等常见通用考核方式的企业各阶段的考核需求，更拥有庞大指标库可供 HR 自行挑选、使用及修订。在指标库中包括定性类指标、关键 KPI、财务类、客户类、内部发展类、学习成长类等多维度团队指标与个体岗位指标，HR 可以根据企业性质、发展阶段、行业特征属性的不同进行自由配置。

　　在考核实施环节中，员工、主管可在手机端实现在线考核与评分，绩效考核评分依据则通过上传表格、文档或通过拍照上传，例如，各类支撑数据表、汇总表单等；HR 可在电脑端汇总数据，得到数据统计分析表并打印。考核周期可根据不同分、子公司或各岗位序列进行独立设置，例如，营销序列采用 MBO 目标分解法，可实现每月考核，服务序列则用 KPI 关键绩效指标法，为每季度考核，甚至某些岗位某些人可以不定期考核，支持单人、多人、矩阵等多种绩效考核形式。

在绩效管理信息化系统中，必定要考虑绩效反馈面谈及绩效评估。通过手机端或电脑端，系统自动发送考核评分提醒、考核面谈提醒，例如，"尊敬的某部门负责人，您部门的某岗位将于 3 天后进入绩效考核阶段"等，如此将部门负责人代入至绩效考核环境及文化中。面谈前，被考核人的绩效结果将被自动发送到面谈人的邮箱或手机端，随绩效结果发送的是绩效辅导及面谈流程表，面谈后，员工与面谈人可直接通过电脑端或现场直接通过手机共同确认面谈结果。

绩效管理信息化系统与薪酬信息化系统一样，拥有强大的数据整合分析能力，可自动生成一整套绩效管理数据图表。系统可根据时间、部门、岗位序列、岗位等不同维度进行横向与纵向的对比分析，自动生成柱状分析图、饼状对比图、点状图、梯形图等各类分析图表。

绩效管理采用信息化系统更可以让绩效文化得到彻底贯彻。从绩效开始前的绩效辅导至绩效结束后的结果运用，均能在规则制定的前提下有序进行，完美规避了人为偏差，使绩效管理更有信度与效度。

不可否认的是，绩效管理的信息化还有更多可能性等待我们去继续发掘。

| 第五节 |
人才盘点与高潜（核心）人才培育

随时高科技时代的发展，越来越多的民营中小企业意识到核心人才的"选、育、用、留"对于企业的重要性，纷纷在企业内进行各类高潜人才计划、核心人才盘点等项目。要想实现核心人才的培育及人才发展计划首先要进行人才盘点，势必离不开人才测评及在线定制教育等项目。

通过信息化系统，我们可以将高潜人才培育与人才盘点进行结合。通过绩效考核结果自动查找解析寻找到有可能进入人才盘点九宫格里最具潜力的那一群人，即绩效考核结果长期处于优秀状态的员工。HR可针对这样的潜在人才发送对应人才测评。在该项信息化系统中，包括五大类人才测评题库。

1. 选拔性测评

选拔性测评的目的是区分和选拔优秀人才，这是人力资源管理中最常用到的一种测评，这种测评特别强调区分功能，要求过程客观、结果明确。

2. 配置性测评

配置性测评以合理的人职匹配为目的，例如职业规划测评等。实践证明，当任职者的能力、兴趣和价值观刚好吻合职位的要求时，就可以达到最佳的人力资源使用效果。配置性测评最大的特点是必须结合职业要求，不同职位的测评标准明显不同，并且不能由于人员的原因降低标准，强调宁缺毋滥。

3. 开发性测评

开发性测评以开发人员潜能为目的，所以这种测评的报告并不强调好坏，而强调通过测评来勘探个人的优势和劣势，尤其是潜在的发展可能。开发性测评也经常结合明确的开发目的进行，希望通过测评提升团队的沟通效率和质量。例如自我认知、团队配合等测评。

4. 诊断性测评

诊断性测评服务于了解素质现状或以组织诊断为目的。诊断测评的特点是比较全面和细致，希望通过寻根问底的测评，探究问题产生的根源。这种测评不一定公开结果，主要供管理人员参考。例如团队沟通与协调等测评。

5. 考核性测评

又称鉴定性测评，目的是鉴定和验证被测人是否具备某种素质，或者具备的程度和水平。鉴定性测评经常穿插在选拔性测评和配置性测评之中，主要是对测试者素质结构与水平的鉴定，要求测评结果具有较高的信度和效度。

HR 需要结合公司发展阶段、岗位特征、绩效考核结果运用等，多角度、多维度地在信息化系统中进行设置。高潜人才培育是一项长期工作，因此，此类测评也必定应该成为定期或不定期的工作。信息化系统亦可以向"符合条件者自动发送测评问卷"，自动更新内部核心人才库，并定期进行反馈、调研及调整。

此外，企业还可设置培育机制，例如，新员工入职测评、年度员工调薪前测评、专业职业能力测评等，并自动匹配相关培育项目，如自我认知、职业规划、专项能力提升等，对于培训需求开发起到极大的作用。

人才测评与高潜（核心）人才培育信息化可使每名员工从入职当天起就进入企业人才培育体系，人才培养相关资料在云端自动存储、自动更新。年末更可与绩效考核结果运用及薪酬调整、调岗调级进行挂钩，一套系统将"选、育、用、留"发挥至极致。这可以让 HR 不再花费大量人力、财力、物力聘请高潜人才项目组进行短效盘点与培育，获得短期效应。

当然，调岗调级的规则等均可由系统管理员进行设置与调整，一旦有人满足规则，系统将自动提醒用人部门及 HR 部门。如此一来，整个企业将呈现良性的人才选拔、储备、育留的状态，大大降低员工流失率，提升企业效率。

第六节
信息化背景下的企业文化建设

信息化系统的落地必须与企业文化配套。众所周知的企业文化三层洋葱理论为：物质层（包括 VI（Visual Identity，视觉识别）设计、标识、标语、员工展现等）、制度层（包括企业规章制度及这些规章制度所遵循的理念，人力资源理念、营销理念、生产理念等）、核心精神文化层（企业价值观、企业伦理及职业道德等）。企业文化与信息化是相辅相成的，在企业中大力推进信息化系统建设，可加强对企业制度与流程的管控，更容易推进企业文化的落地执行。而架构信息化系统，又必须要有企业文化底蕴，包括：鼓励创新、激励、公平及自由的发展等要素。

在很多员工眼中，物质层最容易被接受被理解，甚至有部分企业误以为物质层即全部企业文化。由此可见，HR 利用信息化系统进行物质层的文化搭建是极为容易也极为便利的。举例说明。

某海外电商企业，在全国有异地分公司四五处。搭建信息化系统后，员工在员工端登录系统后即可在权限范围内查看与自己星座相同、血型相同、籍贯相同的同事，还可以发起"约伴"——同回家乡，并通过信息化系统进行沟通。如此让新生代员工有了企业归属感，自然也就提升了物质层文化。

制度层文化在信息化系统中的体现更为明显，因为信息化系统的搭建对于企业建立并完善管理制度及流程管控极为有利。企业及 HR 在搭建信息化系统的同时可以加强制度建设，并将制度建设有效地固化在信息系统中。例如，绩效反馈、绩效面谈与辅导、薪酬调岗调薪、高潜人才测评与选拔等各类流程机制的建立均在信息化系统中得到充分展现。在信息化系统下，制度层文化的贯彻将更具贯彻性，执行力度将更强。反向应用该系统，HR还可以通过信息化系统的推进迅速搭建起制度层企业文化。

信息化系统与企业制度文化的融合主要体现在企业的各个阶层之间，上到企业管理者，下到生产一线员工，都可以通过信息化系统对工作目标进行科学合理的计划，并在完成工作目标时有详细与明确的过程记录。

企业文化三层理论中的核心，精神层，看似与信息化系统的关联性最小，实则不然。信息化系统是唯一不可能"人工绕开"的流程机制，因此，企业要想引导员工深刻了解并贯彻核心理念，就势必要与信息化系统中的各项机制建议紧密结合。

CHAPTER VIII

The Regeneration of Human Resource

企业信息化工具介绍
——以2号人事部为例

2号人事部是中国领先的HR效率软件，由新三板首批"互联网+人力资源"上市公司——点米科技网络股份有限公司和全国人力资源领先的社群平台三茅人力资源网推出。

点米科技成立于2015年，是新三板首批"互联网+人力资源"上市公司——2号人事部，业务范围涵盖人力资源服务全领域，业务覆盖全国241个城市及地区，是中国领先的人力资源技术与服务提供商。

三茅人力资源网集超过10年人力资源行业经验之大成，历时数年，通过与数百名不同行业的人力资源从业者线下深入沟通、调研万余HR并挖掘痛点后，与百万HR共同创造HR效率软件——2号人事部，旨在把HR从传统的烦琐事务中解放出来，为企业极大地提高人力资源管理效率。

通过近两年的众创，2号人事部已经更新超过150个版本，用户们为2号人事部写出体验报告12520余篇，成为行业内更新快、用户增长速度迅猛的SaaS软件。

第一节
2号人事部介绍

一、产生背景

人力资源的发展经历了三个阶段，从人和事情的管理到人力资源管理，最后到人力资本管理。对"人"的关注和实现，逐渐成为核心，传统的手工操作的模式，已经无法匹配现有的行业需求。现实要求用机器或软件代替人的部分工作，把人从重复单调的劳动中解放出来、实现更高级的工作价值，助力人力资源管理。

从人力资源工作的特点出发，所需要的软件应满足几个特性：易操作、成本低、易维护、嫁接服务。

而SaaS软件模式，与人力资源工作的需求点具有高匹配度。

- 使用成本低：即租即用，不需要购买任何硬件，无须配备专业技术人员；而且软件本身的使用并不收费，只对服务收费，甚至可以做到免费。
- 更好的支持：供应商会对SaaS产品进行专注的管理和支持，企业只需以非常低的成本使用即可，效果远好于自建IT部门。

在此基础上，2号人事部采用SaaS模式进行开发，给操作者带来了高度简洁、易用的高效体验。

二、2号人事部是什么

2人事部是中国第一款即租即用的HR效率软件，通过SaaS模式，能够为企业解决员工管理、用工风险管控、人事盘点、人才流失、人力资源服务筛选等工作难点，HR工作效率提升500%，使人力资源工作更好、更有效率地展开，也是行业内第一家通过公安部"信息系统安全等级保护"三级备案的产品。

三、发展趋势

2018年，是中国改革开放40周年，也是中国人力资源服务业走过的第40个年头。十九大报告首次提出要着力加快人力资本服务等领域的发展，培育新增长点、形成新动能，"人力资本服务"、"人力资源协同发展的产业体系"第一次出现，标志着人力资源服务业进入了新时代的春天。

同年4月14日，2018亚太人力资源服务博览会及高峰论坛在深圳召开，此大会是唯一一个由政府搭台的国家级人才及人力资源服务交流大会，是中国乃至全球规模最大的"市场化专业性人才交流会、国家级国际性行业博览会"，对中国人力资源行业的发展有着重要作用。

大会表彰了对人力资源领域作出卓越贡献的优秀企业。其中，点米科技及最新产品——HR效率软件2号人事部最为引人注目，接连斩获亚太人力资源服务"创业奖"、"创新人才奖"、"创业导师奖"等4项大奖，成为本次大会的最大黑马。

除传统人力资源服务外，点米科技旗下拥有"2号人事部、点米社保通、伙伴联盟"等基于互联网的人力资源项目平台，其中2号人事部作为点米科技的拳头产品，得到了市场的广泛认可。点米科技团队历时数年，通过与数百名不同行业的人力资源从业者线下深入沟通、调研万余HR挖掘痛点，来获取大量有价值的数据，利用云服务、云计算、大数据整合等信息化技术赋能软件，把人从传统的烦琐事务中解放出来，极大地为企业提高人力资源管理效率。

在目前国内市场的 HR SaaS 领域中，像 2 号人事部这样一路凯歌的产品实属凤毛麟角，这不仅得益于点米科技深耕人力资源领域 12 年对行业痛点精准把控的积淀，更源自其开放包容的心态——以平台的姿态为更多伙伴提供发展空间。业内人士表示，2 号人事部的成功案例或将给整个人力资源领域的变革带来新的借鉴，高效低价的信息化管理将成为行业主流。

四、安全保障

1. 技术安全保障

（1）物理安全

2 号人事部的服务器，与中兴通讯、顺丰速运等知名企业采用同一安全标准，一流的云存储，让 2 号人事部的数据安全能得到非常有效的保障。

（2）网络安全

2 号人事部的后台信息采用全国最高安全级别的云端服务存储，核心数据采用银行级别 AES256 加密技术进行保存，确保用户的数据安枕无忧。

（3）账号安全

2 号人事部采用超高级别的异常信息预警系统，一旦发现有非法登录、异地登录等账号异常情况就会立即启动，保证只有真正的账号主人才能使用。

（4）团队实力

研发团队曾开发过香港火警系统、深圳 110 报警系统、深圳大运会安保系统等安全等级极高的大型项目，经验极其丰富。

2. 公安部"信息系统安全等级保护"三级备案

目前，2号人事部是人力资源SaaS领域内通过公安部"信息系统安全等级保护"三级认证的产品，这代表2号人事部的信息系统已达到了与银行同级的安全管控水平，标志着2号人事部在网络安全、数据安全等十个方面均达到了目前云计算领域最高的三级标准，满足了含信息保护等在内的近300项要求。

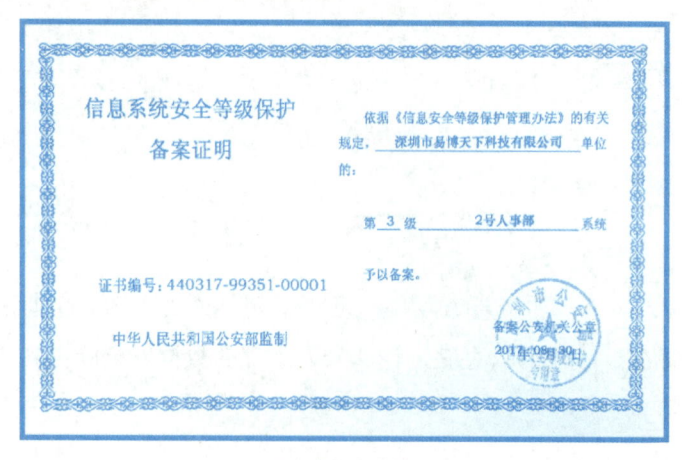

8-1 2号人事部安全等级备案图

3. 协议及承诺

（1）2号人事部必须采取有效的安全措施和操作规程防止用户的保密信息被泄露。

（2）非经用户许可，2号人事部不得透露涉及商业使用权、专利权、复制权、商标、技术机密、商业机密或其他归用户专有的权利。

（3）双方签署服务合同，严格按照协议约定执行。

五、媒体声音

2号人事部凭借先进的理念、优质的产品、飞快的成长速度吸引了众多媒体的关注。以下是部分来自媒体的声音。

　　一款针对国内中小微企业的在线人力资源管理平台，对于人力资源管理服务市场来说，它来势汹汹，是一匹不可忽视的"黑马"，在 HRoot 发布的 2018 年 1 月人力资源管理移动应用榜单 eHR 类 App 中排名第一。它采用云计算 SaaS 模式，帮助企业解决员工劳动关系管理、人事手续办理、社保和公积金办理、薪酬福利管理、法务支持、员工档案管理等服务，解决人力资源系统模块和功能不能很好地协同衔接、动态数据库不能及时更新、售后服务难保证等问题。它也是行业内第一家通过公安部"信息系统安全等级保护"三级备案的产品。

——HRoot

《直逼某人事软件，2 号人事部抢夺 HR SaaS 市场入口》

2018-01-17

　　2 号人事部的场景化服务模式，能够在提升 HR 工作效率的同时对接多种线下服务，无论是企业版还是个人版，都可以在软件中采购背景调查、人才评测、商业保险、员工福利等相关服务，让软件与服务进行结合，满足用户的复杂需求。

——猎云网

《点米科技获得了千万元 A 轮融资 HR 效率软件"2 号人事部"首次发布》

2017-12-29

　　目前，2 号人事部企业版提供员工关系管理、人事手续办理、薪酬福利管理、社保公积金办理、考勤管理、员工档案管理、法务支持等服务。焦学宁介绍，即租即用的模式让企业能以极低的成本和极高的效率完成繁杂的人力资源管理工作，实现"让工作效率提升

500%"的核心诉求。

——搜狐新闻
《2号人事部搅局 HR SaaS 平台之战》
2018-01-10

目前，2号人事部 SaaS 工具分为个人版、企业版和集团版，个人版免费使用，企业版和集团版则需要支付软件费用。付费版本可供多人同时在线使用，且具备对商业智能数据分析的功能。据2号人事部官网显示，其产品已有超过 30 万家企业在使用。

未来，2号人事部将比拼服务能力，将更多的用户转化为付费用户。同时焦学宁希望打通更多考勤系统，挖掘其中的数据价值，"比如把企业加班情况、工作效率、员工工作状态等分析出来，更好地反馈在人事系统上，形成良性管理的循环系统"。

——创业邦
《以企业花名册为入口，试图用2号人事部撬动 HR 服务市场》
2018-01-03

| 第二节 |

信息化如何帮助 HR 工作效率倍增
——2号人事部功能实操

如今的人力资源行业早已越过手工操作的时代，借助信息化工具实现人事管理流程的标准化、规范化和高效化正日益成为人力资源行业的通行准则。

HR 的实际需求也佐证着这个观点："从前，我每天都是忙于登记员工信息、办理新员工入职手续、规整员工档案、制作大量报表，临近月底还要计算薪酬，简直是忙得不可开交。"我们采访了深圳的一家初创公司的 HR 专员小王，她说："作为公司的 HR，需要参与员工管理、分析企业的用工情况，并且提出优化建议，如果此时能有工具帮助我处理 HR 的事务性的工作，那该有多好"。

员工管理、招聘、社保和公积金、考勤薪酬等，这些本是需要 HR 耗费大量时间和精力处理的工作，现在都可以通过使用信息化的工具来解决。

平常 HR 工作比较琐碎，除耗时长之外，各种其他原因也造成了 HR 工作效率低下。作为 HR，都明白安排好工作轻重缓急和做好时间管理的重要性，然而，实际上总会有下一件更重要的事情打断你的工作；也总会有更紧急的工作需要你立即去处理。所以，很多 HR 每天忙于各种琐事，工作效率可能并不高。而要下班的时候，才发现当天该干的"正事"还没干完，最后反而成了公司加班到最后的那几个人。

说到这里，可能就有人发出这样的疑问了"信息化工具真的可以帮助 HR 从传统的、烦琐的事务性工作解放出来吗？如果是要与人沟通接触的，也可以解决吗？"接下来将以人力资源 SaaS 产品——2 号人事部软件为例，详细说明传统工作与使用信息化工具工作的对比，前提是 HR 学会利用工具。

一、工作日历

1. 传统工作方式

每个上班族，包括 HR，每天上班的首要事情就是花几分钟时间查阅自己用 Excel 表做的日程安排。每月初，HR 至少得花半个小时计划下当月工作内容：招聘进程和本周目标、本周转正、续签合同和其他入离职手续办理、培训计划、上周的考勤小统计等。除了这些制订的计划外，还有许多周期到期事件：新员工入职两周内签署合同、生日会和入职周年日等需要花在每一个员工身上的钱……便笺纸每天都要用掉十几页。

2. 信息化工作方式

使用信息化工具的人事动态日历，工作日程安排一事就再也困扰不了 HR 了：系统根据花名册自动生成并按时提醒 HR 今天的寿星、明天入职周年的员工、合同时间到期等事项，其他工作计划也可以在线添加，生成待办事项，还温馨地提醒着未完成的事务，每天 1 分钟，点下"智能小助手"，做好你的日程管理。

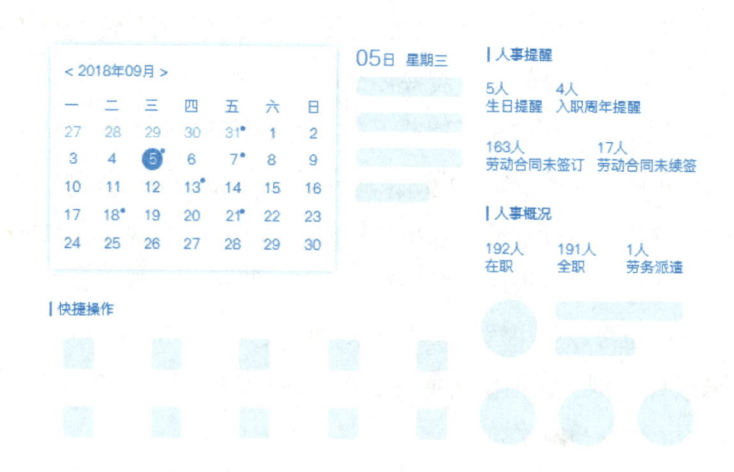

图 8-2　2 号人事部"智能小助手"示例

二、新员工入职手续办理

1. 传统工作方式

新员工入职，对于 HR 来说也是一件要操心的大事。除前期需要发放 Offer、准备公司的员工手册、企业文化介绍书、劳动合同等外，还要预备一个完整的时间段用于检查审核资料并准确无误地录入电脑，以便查阅。若候选人是核心岗位的话，还需要进行背调。

2. 信息化工作方式

新员工入职时扫描信息化工具提供的入职二维码，在线填写个人信息，或在线邀请填写，员工填写并提交后，信息将同步到系统，所有的员工信息字段，所有的入职材料后台自动上传，不用手动录入，整个入职过程最多 3 分钟就可以完成。

操作步骤如下：

- 提供入职登记二维码给新员工；
- 新员工使用微信扫码，根据操作指示直接填写个人资料；
- 填写完点击提交，HR 在系统上点击确认办理入职。

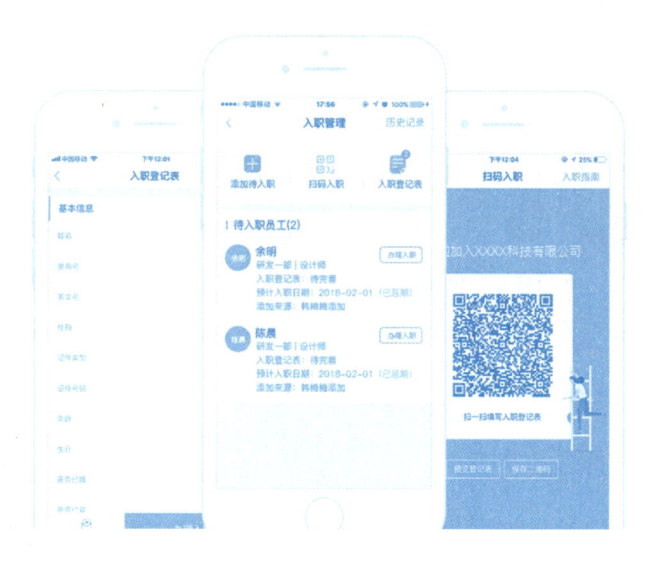

图 8-3　2 号人事部 "入职管理" 示例

三、合同信息提醒

1. 传统工作方式

在日常工作中，合同信息的新签记录、到期续签、无限期核对整理工作几乎每个月都要做一次，确保这份法律门槛最高的项目不会出现任何差池。每个员工都需要提前沟通，续签的合同要走流程，新签的合同也要走流程，不仅耗时长，还容易遗漏，同时清点过程工作量太大。

2. 信息化工作方式

将公司已有的员工花名册导入信息化工具以后，它将通过合同签署时间、签署年限、当前时间等信息识别计算，为你人事日历的待办事项上新增未签订合同、合同到期等事项提醒，如下图。

人事提醒

2人 转正提醒　　**162**人 生日提醒　　**151**人 入职周年提醒

4人 劳动合同未签订　　**2**人 入职登记　　**2**人 劳动合同未续签

图 8-4　2 号人事部"人事日历"示例

HR 可通过点击各项目的数据查看相关员工数据。在 HR 绑定微信或邮件后，每日、每周、每月的等工作时间会雷打不动地给你推送。需要与员工沟通时，系统会通过微信、邮件等途径通知到相关 HR，HR 可以及时沟通处理。

四、招聘管理

1. 传统工作方式

招聘几乎是每个 HR 都会尝试的工作内容。从事过人力资源的人都知道，招聘模块是六大模块中最考验体力的：从不同的渠道挑选简历，对简历进行登记、归类、编档，对候选人进行电邀、发送面试邀请邮件，每位候选人的一面二面三面，录取审批、Offer 邮件的时间地点和对接人，再到每个月的招聘报表等。所以说招聘是个体力活，不仅要火眼金睛地挑选候选人，还要三头六臂地 hold 住所有环节，可是招聘每个环节环环相扣，都需要 HR 牢牢把控在手。

2. 信息化工作方式

（1）简历助手。HR 可以使用简历助手直接在招聘网站抓取候选人的各项信息，保证数据的零失误。

图 8-5 2 号人事部"简历助手"示例

（2）面试日程表。电话邀请候选人成功后，可直接在候选人详情页安排面试，确定时间、地点以及面试协助者（面试官），同时给候选人和面试官推送提醒事项。在系统上，利用面试日程表能更加直观地预览当天以及一周内的面试安排。

图 8-5 2 号人事部"面试日程表"示例

（3）人才库。人才储备应该是公司人力资源长远发展战略的一部分，人才储备做好了，往往是招聘 HR 的加分项。在信息化工具中实现人才库功能，不需要重建各种 Excel 表管理，简历储蓄也非常方便。

库内简历可通过关键词搜索或条件组合搜索精准定位,简历资源批量管理,不错过任一人才。

图 8-7　2 号人事部"人才库"示例

(4)招聘数据统计分析。通过工具对招聘流程的实时监控,对各招聘项目、招聘渠道、流程转化等数据进行统计分析,及时帮助 HR 做好数据跟踪,甄别渠道质量,发现瓶颈环节,还能输入各种招聘报表,便于二次工作编辑。

图 8-8　2 号人事部"招聘统计"示例

五、组织架构管理

1. 传统工作方式

公司员工对组织架构分布很感兴趣,刚入职的、入职一周的、入职两年的都有需要查看公司部门的层级、上下关系、管理机构,以便更好地了解公司架构。但每次大都靠简单手绘,或是使用 Word、Excel 一个方框一条直线地设计、画好,有时遇上高层需要的架构图,需要认真对待,优化、给上级审核、修改、定稿、调细节等,整整一个星期才结束。

2. 信息化工作方式

信息化工具则能根据花名册的部门岗位分布生成组织架构图,在办理员工入职和异动操作时,组织架构会随着部门层级即时更新,无须手动调整。花名册已经有层级完整的部门信息和岗位信息,成功导入花名册之后,系统会根据部门岗位的关系,自动生成组织架构图。

专业版的组织架构适用于公司架构等较复杂的场景,HR 可以在线快速创建和绘制,灵活、方便、高效的架构图绘制工具就是为解决此项工作而存在的。

六、考勤核算

1. 传统工作方式

从打卡数据和考勤规则的匹配,从请假记录、调休记录的数据增减处理等到员工的年假、调休假期的统计与发放,是考勤工作的基本流程。

一到月初，HR 就要长时间对着电脑一个一个过整个公司整个月的打卡数据，3 个小时就撑不住了，休息一下，然后至少要再花 6 个 3 小时，而员工的调休单、假期单足以让整理时间再翻一倍。把数据更新一遍、打印出来给员工签字，但签字完全变成自行检查，员工说改就改，说没迟到就是没迟到，也是懒得去翻考勤机的打卡数据核实。一切结束后，才能统一上交薪酬专员。

2. 信息化工作方式

信息化工具的考勤管理通过识别班次规则和匹配打卡、请假记录等数据，自动计算并生成考勤月汇总表，HR 现在只需花几分钟时间监督员工签字即可。此外，HR 还可以根据系统结果盘点分析，用自己的专业敏感度识别异常，做出对企业更有价值的支持工作。任何有异议的声音，只需打开它的打卡记录按姓名查看原始打卡记录即可，工作有理也有据。

图 8-9　2 号人事部"考勤管理"示例

七、社保公积金

1. 传统工作方式

社保专员的工作是盯着政府社保局的政策动态，负责每月的增减员操作，然后导出清单提交给薪酬专员，看起来容易，做起来各种"坑"。参保的比例要和每个员工的户口性质关联上，信息一旦错误那可就得花上一天的时间跑去社保局、银行核实、修改信息。更严重的是，有离职员工申请挂靠一个月、有停公积金不停社保的、有转正后才办理参保的，特殊情况一多，事情总是容易遗漏或者操作失误。此时，社保增减员计划表就派上用场了，它包含了员工的个人信息和社保信息，要先与员工确认参保信息、请上级审核增减人员，来来回回的签字又花掉了十几分钟；成功处理月份的社保缴费之后则需要在社保局规定的时间内下载清单，与当月的工资表匹配，按员工数据整理出来。

2. 信息化工作方式

根据员工入离职状态自动生成增减员计划表，并智能获取员工管理中的相关信息，如户籍、身份证号等，其中包含各地最新的参保政策，参保基数、比例等数据按方案统一一次性设置完成，当月及以后每月自动核算，自动生成报表。社保清单的相关数据可以在线导出，同时同步到当月的薪酬管理，免去 HR 做匹配工作。

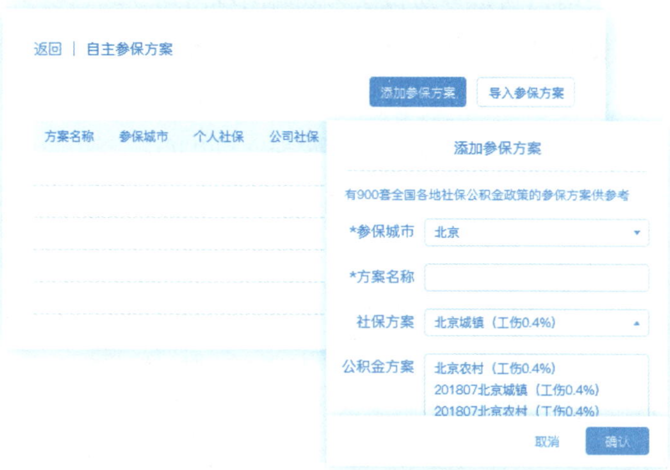

图 8-10 2 号人事部"参保方案"示例

八、薪酬核算

1. 传统工作方式

同考勤一样，每个企业的薪酬项目繁多，甚至同个企业内每个部门的计算方式也各不相同，HR 在收集、核算等工作中经常与数字打交道，然而人不是机器，难免出错。每一个负责计算薪酬的 HR 的文件夹里都有各种 Excel 定死的复杂公式，HR 要收集关于考勤扣款、假期薪酬、社保的数据、各部门绩效数据等，然后不停地纵向查找、复制粘贴和检查。确认完成之后邮件给发出，经其他同事复核检查，再正式打印，走最高层领导的签字流程，才会安排银行发薪，每月固定 10 号发薪的话，算薪工作至少 1 号就要开始了。

2. 信息化工作方式

薪酬管理是通过自定义薪酬科目来维护的，固定工资区分转正前后，无须手动识别，考勤和社保数据同步沿用，应纳税额由系统自动计算。完成之后自动生成工资表、工资条、发薪对接表、成本结构图等。电子工资条是互联网时代衍生品的代表，"2号人事部"的电子工资条可用薪酬模块计算的数据亦可用自行上传的数据，通过微信、短信，即时发送、即时阅读，安全又方便，员工还可在线确认、在线反馈。薪酬数据还可以将历史的分析结果形成报表，直观地了解每个部门的年度薪资成本趋势和各项数据指标，无须手动制作。

此外，还有更加灵活的电子工资条——一键将 Excel 表工资数据自动生成电子工资条，通过云端传输将明细数据推送给员工，即时、安全、保密、便捷。

九、审批

1. 传统工作方式

（1）纸质审批过于烦琐，不能电子化，不易保存和查阅；
（2）审批流程节点多，员工一级级签字耗时耗力；
（3）必须在电脑上发起或者处理，不能随时进行审批，很麻烦；
（4）员工走完审批，HR 还得修改员工假期扣减，进行状态变更。

2. 信息化工作方式

市面上的关于审批的软件琳琅满目，有电脑端的、手机端的、业务集成软件、网页 SaaS 的、App 的、专属定制的……2号人事部审批针对 HR、员工和领导的审批都进行了人性化设置，使用起来更加便捷、高效。

（1）HR 端：在2号人事部的网页端后台，HR 可以通过表单编辑器，新建各种类型的审批（含人事审批、出勤审批、行政审批、其他审批，也支持自定义审批表单）。在编辑每个审批的样式以及审批流程时，HR可以勾选"审批通过后，状态自动同步"，例如HR对"请假审批"勾选了自动同步，那么当全部流程走完，员工的假期就会自动扣减。

图 8-11　2号人事部"审批表单"示例

（2）员工端：采用小程序形式，嵌入微信，员工可以直接通过微信小程序发起审批。

图 8-12　2号人事部"微信小程序"示例

（3）领导端：领导直接在手机小程序上就能查看审批内容，一键完成线上审批，5分钟以内就能走完流程，并支持打印。

十、HR 权限管理

1. 传统工作方式

公司的管理之所以很复杂，就是因为大家各自管各自的，但是又需要统一管理来保证公司整体行动的一致。公司有几个分部，分布在不同的城市，人事工作需要总部和分部多名 HR 共同协作。各地 HR 根据需要自行完成招聘、新员工资料收集、人事档案建立后再汇报总部。每个分部也需要多名 HR 协作，负责不同模块工作、定期收集并汇总员工的信息和档案，最后编号存档。每次的汇总工作，耗费时间巨大，也容易出现信息的明显错误、缺失等问题，之后还需要继续花更多的时间进行盘点、改错、补充资料信息等。

2. 信息化工作方式

在集团型企业里，各分公司办事处往往不在同一个地区，集团需要统一管理，各地需要因地制宜，但距离遥远，管理沟通和信息交互困难。

信息化工具的分权管理，可以打破时空限制，降低沟通成本。根据不同的账号设置权限，按需分配权限内容，实现各司其职。从管理模块的维度来讲，每个模块的查看、编辑、重置权限都可以区分；另一个是管理范围权限的维度，系统按部门组织划分权限，拥有对应组织管理范围权限的管理者可正常管理，类似 HRBP，方便专属 HR 展开专属工作。集团层面可以统一查看全部分子公司的数据汇总，管理集团组织架构等相关工作。

整个过程不再需要来回发送邮件或者电话沟通，全部自动化同步处理，时间和空间都不再是距离。

图 8-13　2 号人事部"账号权限"示例

CHAPTER IX

The Regeneration of Human Resource

十大行业人力资源信息化改造
——以2号人事部为例

| 第一节 |

助力互联网企业跨入"无纸化办公"时代

×××科技有限公司,是一家创新型网约车服务公司,在全国已成立 27 家分公司;公司名下自有车辆 1000 余台,代其他公司运营车辆超过 2000 台;已获得千万元 A 轮融资,为公司进一步发展提供了更加广阔的发展平台。

作为一家互联网型企业,信息化的理念贯彻落实到了每一个工作环节。该公司实行扁平化管理,实现了面向客户的集成化管理目标。企业内部和外部的信息传输更为便捷,实现信息资源的共享,使管理者与员工、各部门之间以及企业与外部之间的交流和沟通更直接,提高了管理效率、降低了管理成本。但是目前公司没有使用好管理工具,人力资源工作跟不上公司发展的步伐,主要体现为以下几点。

(1)企业在全国各地共有 27 家分公司,不同地区的人事工作都是分部门在管理,也需要总部与分部 HR 紧密的合作。但总需要花费大量的时间在沟通上,使工作无法在有限的时间里完成。

(2)除销售以外,奋战在一线的客服人员是公司的重点培养对象,客服人员的服务质量也是用户体验感组成的一部分。所以客服人员的成长(培训、奖惩、入职时长、转正季度与半年度和年度考评结果)记录,都是需要公司存档、为晋升做依据的。

(3)数据分析:员工入离职率比例,周报、月报、年终总结,以此作为公司制度修改和领导层的决策依据。

一、引入 HR 管理 SaaS 平台——2 号人事部

2019 年 1 月 21 日，2 号人事部在深圳举办了一场主题为"改造 HR"的分享会，针对人力资源的现状、未来的发展以及人力资源信息化进行解说。此次分享会为很多到场的企业制定了信息化解决方案的服务，也为该公司提供了相关的解决方案。

1. SaaS 平台支持多个管理者同时办公

相当于 N 个管理者在一个平台上同时工作，通过设置账号管理和权限范围各司其职，数据进度仍保持一致。权限的细分可以满足目前企业的人事管理现状，员工管理、招聘专员、薪酬核算专员等权限均可以单独提供，专员和主管的操作查看等动作权限也可以自行分配。

图 9-1　2 号人事部"多管理者在线"示例

这里是按部门组织划分的权限，拥有对应组织管理范围权限的管理者可正常管理，类似通俗的 HRBP，方便专属 HR 展开专属工作。权限划分完成后邀请新管理者加入、修改权限等。

2. 员工的培训、晋升、调岗等记录实时更新

公司每位员工的培训记录除了会记录员工的培训经历外，员工的详情概况页里也会根据该员工在职情况的异动、调薪、培训经历等实时记录和存档，为员工的晋升、调岗等人事变动提供依据。

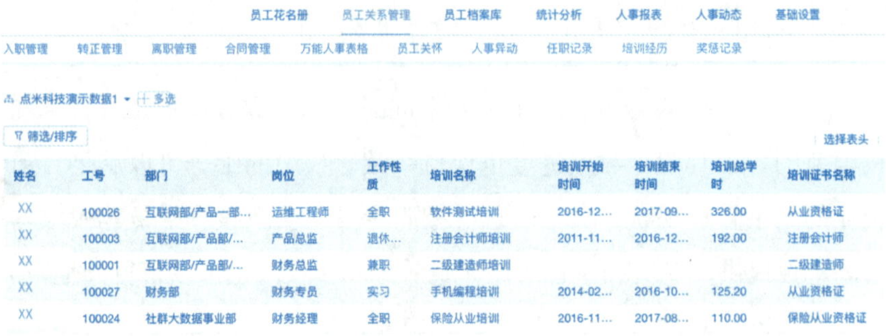

姓名	工号	部门	岗位	工作性质	培训名称	培训开始时间	培训结束时间	培训总学时	培训证书名称
XX	100026	互联网部/产品一部...	运维工程师	全职	软件测试培训	2016-12...	2017-09...	326.00	从业资格证
XX	100003	互联网部/产品部/...	产品总监	退休...	注册会计师培训	2011-11...	2016-12...	192.00	注册会计师
XX	100001	互联网部/产品部/...	财务总监	兼职	二级建造师培训				二级建造师
XX	100027	财务部	财务专员	实习	手机编程培训	2014-02...	2016-10...	125.20	从业资格证
XX	100024	社群大数据事业部	财务经理	全职	保险从业培训	2016-11...	2017-08...	110.00	保险从业资格证

图 9-2　2 号人事部“培训记录”示例

3. 系统内数据可通过统计分析图表智能显示

数据分析主要涉及人事相关的计算数据，含人事入离转调、出勤相关数据、薪酬成本等数据计算的，可自由筛选时间、部门等维度，以查看各种场景的统计分析图表，给 HR 的总结工作提供更多有价值的人事数据……

原来要花 40 个小时统计数据，现在只需要点击查看，一键下载，工作计划和总结都有精确的数据作为支持。

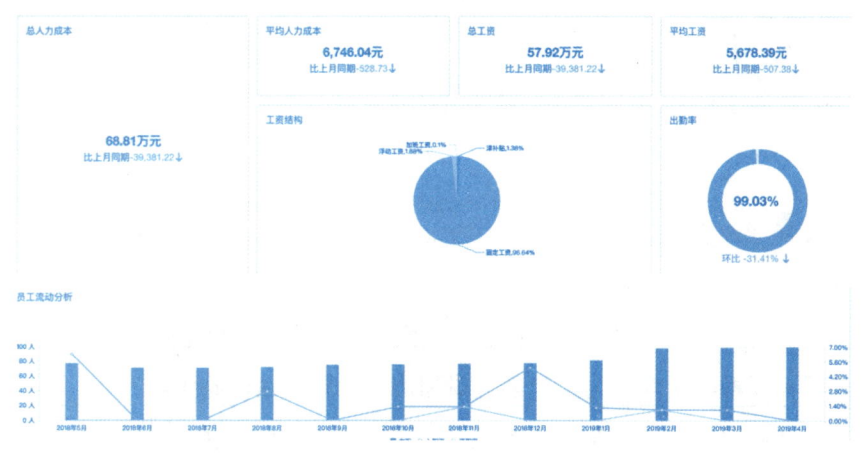

图9-3　2号人事部"数据分析"示例

4. 逐渐实现无纸化办公管理

使用"2号人事部"一段时间之后，该公司发现 A4 纸的用量明显减少，新员工入职通过手机操作、档案材料由云端存储、审批工作由线上完成、人事计算数据自动生成。HR 减少了重复性工作，大幅度提升了工作效率。

二、用户评价

"从接触'2号人事部'到正式决定使用，不过 1 个月时间，从纸质资料到线上信息同步，很快能适应 SaaS 带来的快捷。就人事系统来说，'2号人事部'的'员工管理'和'员工自助服务'已经满足了公司人事与员工工作衔接的需求，确实在管理中起到了提高工作效率的作用。"

第二节
造纸公司发现一款物超所值的人事软件

某纸业有限公司，是某跨国集团在中国的分公司，主要生产高档纱管纸、高档箱板纸、高档牛卡纸及纺纱纸管等多个系列和品种，是世界领先的纸管原纸和纺纱纸管专家。公司多年来专注研发与创新，产品不断推陈出新，为客户创造附加值，始终站在行业前端。

企业发展到一定规模，就不得不用系统来管理复杂的人员信息和流程，尤其在这个时代，速度就是生命。制造业本就处在水深火热中，引入新的管理方式迫在眉睫。该公司也一样，一直在找一款合适的软件，找了大半年才定。现在就分享下该公司引入系统的过程，给同行做个参考。

一、离职率太高

制造业离职率一直很高，该公司相关负责人表示，"我们公司一直被这个问题困扰，有些时候甚至因为人员不够，导致生产赶不上进度，耽误了一些订单的完成，老板为此大发雷霆。当然，也不是每个员工都喜欢跳槽，我们只需要甄别出有这种潜在趋势的部分就可以有目标地去做相关处理——或者到时候提前招人，或者想办法把人留住——比如通过现在很流行的测评甄别。我们也需要上系统，但是系统一般不解决员工测评问题，而且大家都知道，一份普通员工的测评至少接近100元/份，公司再舍得花钱也不可能所有员工都去做，成本实在太高了。"

二、意外找到了9.9元的测评

"找系统找了大半年，找到'2号人事部'的时候主要是看到了系统有 25 元/份的测评，后来打电话去议价又发现了意外惊喜：测评基础版（他们叫标准版）购买 10 份以上自动变成 9.9 元/份；专业版 10 份以上自动变为 49.5 元/份。我们有很多员工不太用电脑，而这个测评是可以发到手机上的，所以我们现在买了很多 9.9 元的测评用在新的普通员工测评中，49.5 元的给中高端岗位的员工。新员工入职时，我们会发给他们两个链接，一个是入职邀请，让他们自己在线写个人信息，一个邀请他们测评。这样 HR 就不用花时间站在旁边指导他们填写材料，也不用事后再往电脑里挪一遍了，现在不管多少人，测评和入职手续最多一个小时就搞定了。

"测评结果员工说挺准的，当然，我们看重的是里面给出的管理建议。试用了几十家，第一次见包含这个项目的测评，很好用。现在我们做员工关系的 HR 每天第一件事就是打开'2 号人事部'，先看人事日历安排一天的工作。然后打开员工管理统计分析去查看员工情况。点击对应的色块就可以看到员工列表。一般，已婚未育的女员工比较容易出现状况，就可以多关注一下。每个部门的文员都会进到这个系统去看，参考对应的测评结果有针对性地做一些预防措施。"

图 9-4　2 号人事部"人事日历"示例

三、这是能提升 HR 幸福感的系统

"制造业的处境比较尴尬，经常被说变革就是找死，不变就是等死。而对于老板来说，如果不上系统，再多招几个人都不一定忙得过来，可是上系统往往很贵，而且听说很多看起来很好的系统，真正用起来一点效率都提高不了，白付了巨额的软件使用费。

"过去，HR 每天都要被两位数的普工招聘和入离职逼疯，从员工的每一分计件工资到合同档案劳保用具等各种杂事追着忙到晕。然后老板还觉得 HR 是公司的拖油瓶，只吃工资没有价值产出，HR 就像后妈的孩子一样，每天上班都很'扎心'。

"现在，所有杂事，包括数据统计分析全部用系统做了，省了至少一半的时间出来关心员工——比如生日、节假日的庆祝会和福利。现在老板觉得，我们让员工和求职者对公司的评价更高了，员工不舍得走，而且更多新人想进来，对我们的态度 180°转变。现在上班就像有妈的孩子，幸福指数升了至少一个数量级。"

| 第三节 |

跨国早教集团
用系统实现自动化员工管理

某教育机构，全球早教第一品牌，专业从事 0~5 岁幼儿的早期教育培训工作，1976 年成立于美国加州，目前在全球 40 多个先进的国家及地区成立了 700 多家早教育儿中心，2003 年进入中国，至今在中国各大城市成立了近 300 家中心。

一、合同信息提醒避免了一大用工风险

1.每个月清点合同，费时间事小，遗漏事大

"在日常的工作中，HR每月都需要花费一段时间来整理员工合同数据、查看合同到期员工。每个员工都需要提前一个月沟通，需要续签的员工要再走流程完成续签。花时间不是问题，问题是容易忘记，而且清点过程难免遗漏。一旦遗漏时间过长，那就涉及法律层面的问题了。"

2.合同未签订和即将到期自动提醒，节省盘点时间避免发生纠纷

"将花名册导入2号人事部以后（'2号人事部'可以自动解析花名册一键上传，不用下载填写模板，很方便，在这里要特别赞一下），它可以自动获取员工关键信息。2号人事部获取信息后，会在【我的工作台】右上区域的【人事提醒】中，显示关键事项提醒，合同相关提醒都会有。

"点击对应项目就会弹出名单页面。需要与员工沟通时，系统会通过微信、邮件等途径通知到相关HR，HR可以及时沟通处理。集团每个月都有很多新人入职和合同到期，这个功能不仅节省了盘点时间，还实现了总部对各地早教中心的监管。另外有些员工的合同信息是多份的，也可以在员工详情页直接添加。"

人事提醒		
4人 生日提醒	**1人** 入职周年提醒	**34人** 劳动合同未签订
2人 入职登记	**1人** 完善个人资料	**41人** 劳动合同未续签

最近入职　在　在　依

…

图9-5　2号人事部"人事提醒"示例

二、员工生日和周年提醒为营造企业文化氛围加力

"我们在一个城市有 4 家分店，人员无法集中管理，生日会也只能按照季度组织。举办前，HR 需要重新在目前在职人员里面筛选本季度生日员工，发送生日祝福，并且控制好主角人数。但是这样一定会错过很多员工生日当天的祝福短信，导致员工心理不平衡。每季度一次的生日会组织成本很高，然而实际效果却很难说。公司很注重员工满意度，所以这项工作对人事部来说是很头疼的一个硬骨头。"

三、开通生日提醒后，员工感受到来自公司的时刻关注

"2 号人事部会自动获取、计算员工的重要日期，比如生日、周年等。可以在人事提醒设置中设置提醒时间。我们人事部都会提前做一些小礼物，因此是设置提前 7 天提醒。之后在【人事提醒】栏目中，点击【生日提醒】，就可以打开相关人员名单。2 号人事部已经提供很多模板选择了，但是因为行业特性，公司有自己的话术要求，可以添加自定义模板，之后选择【生日当天】发送。员工会收到祝福，还会在办公桌上发现人事部制作的小礼物。"

图 9-6 2 号人事部"生日提醒"示例

四、客户评价

"劳动法和劳动合同法的执行力度越来越强,企业的用工风险变得很大,人事部要小心翼翼防止仲裁案的发生,但是人力有限,所以'2号人事部'最初吸引我们的,主要是员工关系管理——直接通知到手机的方式可以说是我见过的最方便有效的方式了。

"对于我们这种人数众多且人员比较分散的企业,生日提醒是非常急需的。因为,我们的员工需要非常敬业才能保证早教的质量,这很可能影响一个孩子一生的发展。可是因为门店比较分散,很难有什么好办法能保证不漏掉任何一个员工的生日祝福。这种考验记忆力的事,交给系统是很明智的选择。现在经常会看见同事在朋友圈的晒图,企业文化氛围变得很温馨,公司对人事部的工作满意度也很高。"

| 第四节 |
集团型金融外包公司的云管理之路

某金融网络科技服务有限公司是服务于金融机构的外包公司。公司一直努力以优质、灵活的服务赢得金融机构及合作伙伴的长久信任,以创新的模式最大限度地帮助客户提升整体竞争优势和价值。

集团在全国有三十几处分公司,各地分子公司独立运作,由总部统一管理。

一、将管理搬上云端，开启信息化管理模式

公司成立8年，集团人事管理始终处于手工报表管理阶段。随着业务发展壮大，传统的管理模式开始出现弊端。

- 报表统计工作耗时巨大，尤其是年终汇报，往往从9、10月份就要开始准备。
- 信息不能同步，出现信息缺失、错乱的频率高。
- 数据全部储存在电脑和档案室里，调用麻烦。

解决方案：员工信息数字化储存在云端，效率高成本低

经过慎重考虑和考察，公司最终选择了"2号人事部"，因为这种云端管理的方式是跨区域集团型公司最急需的。

（1）上传花名册后，所有统计信息人事报表自动生成，减少了花费的时间。

（2）在统计分析功能中包含十几种维度的人事报表。

（3）人事报表可以直接下载转发老板，方便老板随时掌握公司员工情况。

其中，部门离职人数统计图用得最多。通过这个图可以看到哪些部门人员流失大，人事会与相关部门反馈沟通，提高关键人才的留存率。省去了最麻烦的数据汇总统计分析，年终汇总就得心应手了。

（4）实现云端信息全集团同步管理。

各地分、子公司上传并自行维护管理权限内的员工。集团总部可以随时监管，不需要邮件附件往来和电话反复沟通。

公司管理效率很高，即便人在路上，需要对员工关系或者相关信息进行操作时，也可以通过App完成。

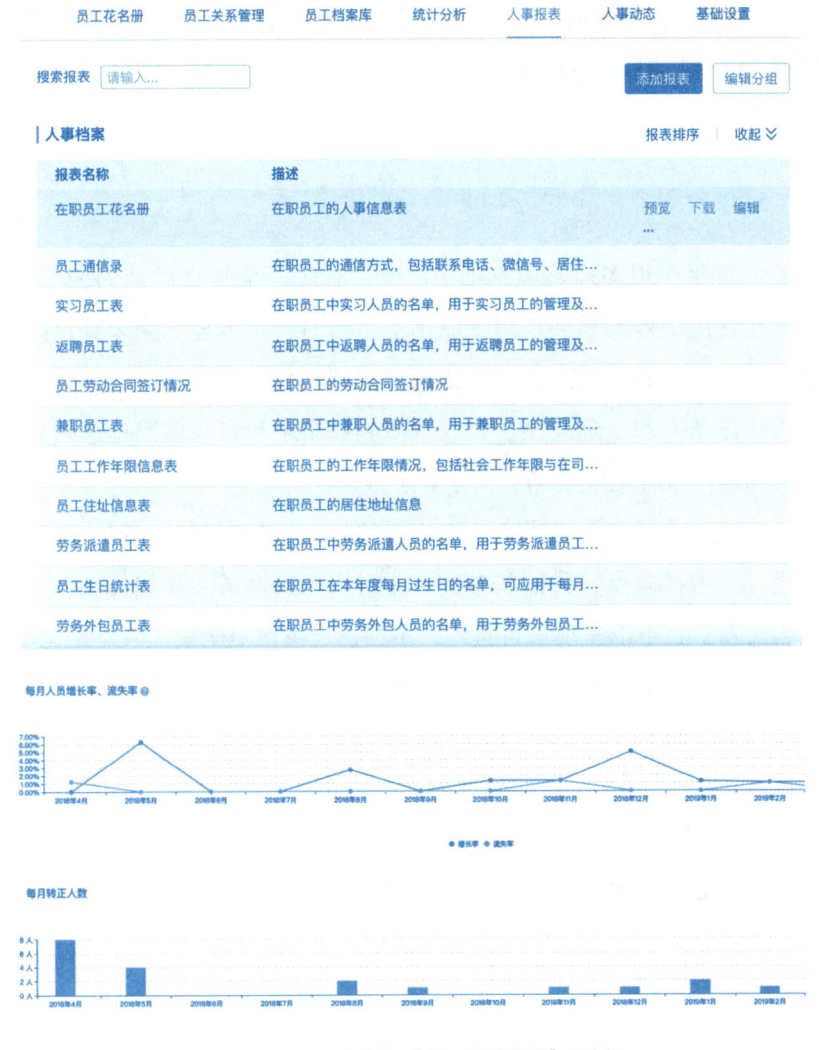

CHAPTER IX 十大行业人力资源信息化改造——以 2 号人事部为例

图 9-7 2 号人事部"离职人数统计"示例

二、风险管理为企业用工安全提供了保障

1. 法律制度不断改变，企业暗藏风险隐患

随着法律制度的健全，员工的法律意识变强，经常会遇到员

工比 HR 更了解部分法律条文的情况。企业埋头发展业务，很多时候没有特别注意相关政策的改变，遇到员工较真时，企业往往很被动。

2. 风险管理链接相关条文和处理建议

企业存在很多风险点，而 HR 精力有限，也很难做到面面俱到。第一次使用 2 号人事部检测企业用工风险时，系统显示为【高风险】，出现的风险点有十几个，每一条都定位到相关员工具体的问题点，并链接法律条文和处理建议。企业按照测评结果和自身情况迅速处理了相关问题，现在的风险测评结果好了很多。

我们从中可以看到具体风险点和法律条文和涉及风险的员工列表，处理过一遍风险点，我们基本上企业对用工法律条文和相关操作流程也很清晰了，可以主动进行管理，不会再发生被员工突然发难的情况。如果有 HR 很难实现的问题可以请求律师帮助，律师资质很高，在劳动用工方面很专业。

基于 2 号人事部，该金融集团行业的人事管理模式逐渐实现电子化，使用电脑、微信、App 连接到云端，随时随地进行相关操作处理，更方便及时处理工作，由于信息传递延误的事情也越来越少。

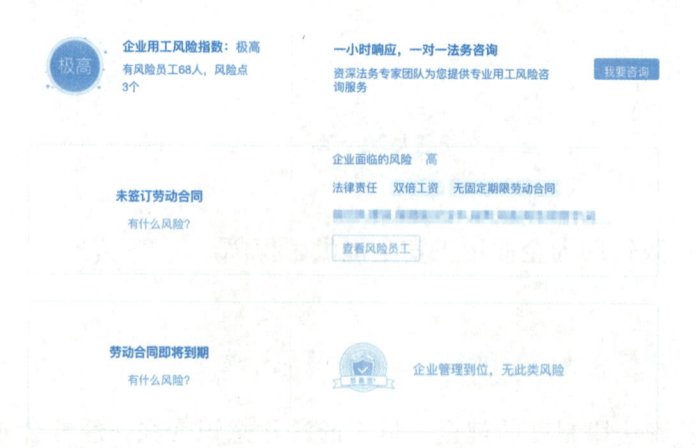

> **用工风险提醒**
>
> **逾期未签订劳动合同**
>
> **企业面临的风险：** 高
>
> **法律责任：** 双倍工资　　无固定期限劳动合同
>
> **法律条文：**《劳动合同法》第十条：建立劳动关系，应当订立书面劳动合同。已建立的劳动关系，未同时订立书面劳动合同的，应当自用工之日起一个月内订立书面劳动合同。《劳动合同法》第八十二条 用人单位自用工之日起超过一个月不满一年未与劳动者订立书面劳动合同的，应当向劳动者每月支付二倍的工资。用人单位违反本法规定不与劳动者订立无固定期限劳动合同的，自应当订立无固定期限劳动合同之日起向劳动者每月支付二倍的工资。
>
> **操作技巧：** Tips: 1. 当面送达或者使用EMS邮寄送《签订劳动合同通知书》。在企业需履行告知义务时（区别协商一致），如采用当面送达则需要留存回执单；如采用邮寄送达，则可能发生因员工"个人原因拒收"的情况，使用EMS邮寄，可从EMS官网调取"个人拒收"字样的截图，该截图在仲裁、法院可作为证据提交，以证明单位已经进行有效送达。Tips: 2. 在EMS快递单《物件名称》

图 9-8　2号人事部"用工风险"示例

三、用户评价

1. 某网络科技服务有限公司

"2号人事部帮助我公司提高了人事工作效率，是一款真正的 HR 效率软件，偶尔发现问题和操作不当的时候产品改正得都很及时，使用2号人事部是我们公司正确的选择。"

2. 某信息股份有限公司

"【员工管理】功能可以处理各种杂事儿，比如入职工作，从准备各种纸质材料到手工整理成电子档，再更新到 ERP 系统，到现在发送邀请员工填写，自动同步信息和档案材料到云端，半天的工作量压缩到3分钟，给了人事大把时间去研究更多对企业更有价值的事情并提升自己的价值。"

| 第五节 |

外贸公司如何实现"人"与"事"的无缝衔接

青岛某贸易有限公司，是一家综合性进出口工贸一体企业，产品涉及五金机械、塑料编织品、产业资材、家纺用品、工艺品、木制品、家具、家居用品、户外用品、服装等众多领域。

一、人员异动、档案信息化管理

1. 远程入职，档案信息化

公司于 1999 年成立，至今已有 20 年。因为是外贸型公司，公司在日本和国内部分口岸均有办事处。因行业特性和业务需要，人事变动很频繁。

公司不大，所以只有总部一个 HR，办事处没有 HR 和文员，谁是谁招的人、什么情况一概不知，办事处相关人员因为觉得麻烦，就想等有空了再给新员工办理入职手续和收集相关材料，结果往往到最后都忘记了。因此，几乎每个月都有没收到工资的员工打电话来总部吵架。作为总部的 HR，虽然知道错不在自己，但是也只能求着分部相关业务人员拿入职信息表给员工填写、拍照发到总部，先处理补发工资的事情。至于添加花名册和人事档案收集等工作，只能一直催，而且因为不清楚具体是哪天入职的，办事处的人也会记不清，总会来回沟通或者扯皮。

2. 自动化的入职流程

总部通过 2 号人事部的【子账号】功能给各办事处分配子账号后，每次新人入职，HR 只需要给员工发送邀请，员工有空就会自己填写，因为涉及工资发放，一般都会当天就填好，信息会同步到系统。

入职资料可以现场拍照上传，系统自动识别证件，也不需要后续的证件验证工作，所以整个员工入职过程，最多 3 分钟就完成了。

因为有了系统监控，哪个办事处没有及时办理入职和上传资料都可以很清楚地找到，公司将这个设置为罚款项，也没有人再拖延办理入职。

图 9-9　2 号人事部 "账号" 示例

3. 人事异动状态方便查询，实现"人"与"事"的无缝衔接

总部 HR 往往会先成为老板的助手，然后调岗去业务部门或者升

职，或者离职去做专业的 HR，因此人事岗位的变动率很高。

新 HR 进入公司，在工作交接中，"事"很容易交代清楚，但是外贸公司很重要的一点是要搞清楚内部，尤其是主要出口国办事处的人员调动、员工关系等"人"方面的关系，才能顺畅地进行后面的工作。

以前是没有条件给新 HR 讲清楚这种人与人之间，以及员工自身的异动关系的。新人往往要经过半年才能在不断碰壁中找到门路，也会有很多 HR 坚持不下去离职，提高了人事岗位的变动频率。

而 2 号人事部有人事异动记录，查看很方便，并会根据异动实时变化，很容易看到"人"的异动关系和公司人员结构。

新人事到岗，可以通过查询这些信息掌握员工岗位变化和人员异动关系，从而了解更多很难直接传递的信息，避免新人事碰壁和"踩雷"，在很大程度上提高了工作和沟通效率，降低了内耗。

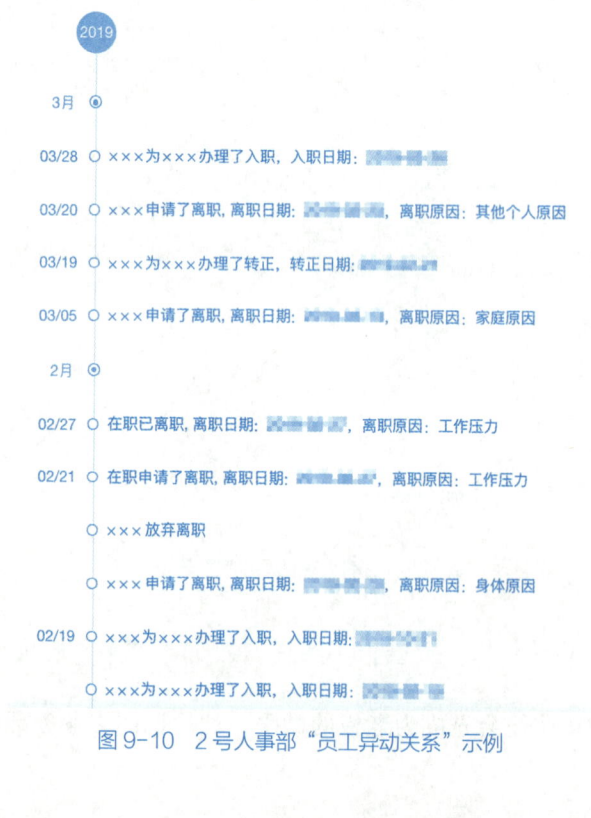

2019

3月

03/28 ×××为×××办理了入职，入职日期：

03/20 ×××申请了离职，离职日期： ，离职原因：其他个人原因

03/19 ×××为×××办理了转正，转正日期：

03/05 ×××申请了离职，离职日期： ，离职原因：家庭原因

2月

02/27 在职已离职，离职日期： ，离职原因：工作压力

02/21 在职申请了离职，离职日期： ，离职原因：工作压力

×××放弃离职

×××申请了离职，离职日期： ，离职原因：身体原因

02/19 ×××为×××办理了入职，入职日期：

×××为×××办理了入职，入职日期：

图 9-10　2 号人事部"员工异动关系"示例

二、公司个性化管理变得很方便

1.数据分析功能为个性化管理提供便利

公司不大,其实用不到数据分析,甚至都不需要做年度汇报。但是公司有很多老板独家特色的个性化管理,比如,有些福利只给入职5年以上的员工等。

虽然人不多,但人事变动频繁,尤其HR也经常换,工作交接时会有很多表格要互相找、跟办事处核对等。但是依然经常出问题,经常会漏发相关福利或者发错工资。

老板性格很细致,这些事儿也会一一关注,因此经常恨铁不成钢地说"这么点人,这点事儿都办不明白"。HR处境很被动也很委屈,因为远程管理真的很难把这些事完全搞明白。

2号人事部的【数据分析】功能有个很重要的链接,每个数据分析色块都可以点开,看到对应的人员。

比如要给五年以上的员工发福利,点击5~10年的色块,就可以看到需要发放对应福利的人。

在职员工司龄分布

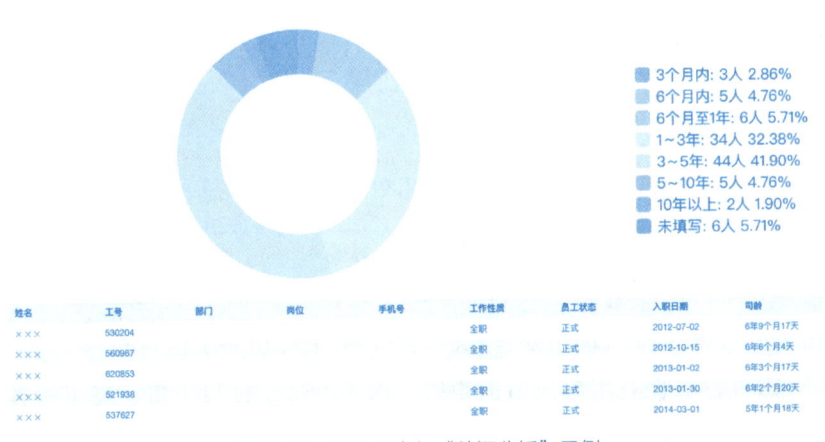

图9-11 2号人事部"数据分析"示例

在人事日历中备注相关事项，到时自动提醒，这项工作就变得十分省心。

3个月以下未转正的员工，点击"3个月内"色块，就可以看到对应人员，然后在【薪酬】版块设置专属的薪酬方案，匹配给相关人员，月底就会自动核算。

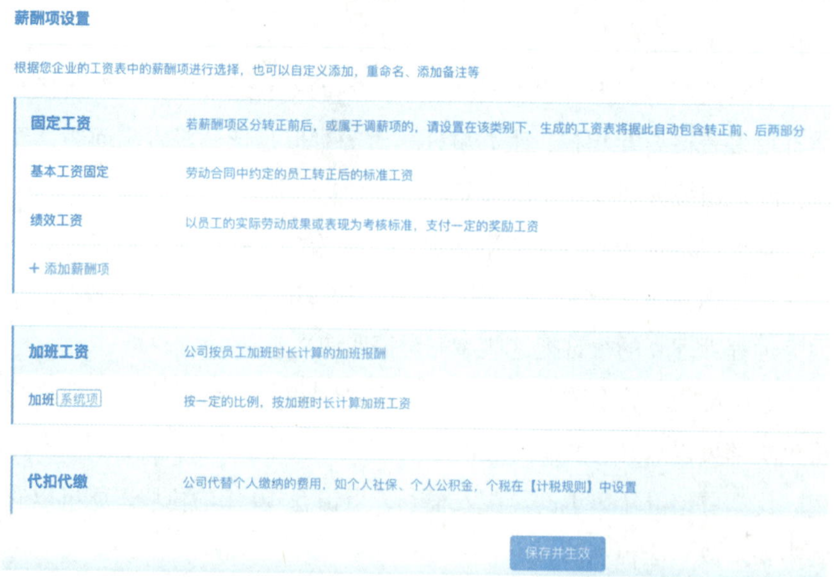

图 9-12 2号人事部"薪酬方案"示例

2. 财务和 HR 通过子账号协作

以前核算工资是 HR 先把各办事处考勤收集汇总、反复核对后给到财务，财务核算薪酬后直接发放。

因为考勤收集过程可能会出差错，财务和 HR 对接考勤也会有各种疑问，HR 需要反馈给办事处核实等，会浪费很多工作时间。

而且财务也有很多出口退税等工作要处理，核算工资、发工资难免会出错，也根本没时间给员工发工资条，每个月都会有员工怀疑自己的薪酬有问题。为了搞清楚情况，HR 要重新核对考勤，财务要重新核算工资。

【子账号】功能在这里的作用就很明显了。

首先邀请各办事处相关人员和财务加入子账号，并设置对应权限，防止薪酬信息泄露。

月底，各办事处把自己的考勤情况和补贴情况上传至系统中，并自行与员工核对清楚。系统自动测算薪酬后，财务批量发放工资条。

员工在微信上就能查看工资明细，一目了然，避免了不必要的怀疑。如果真的有问题，自己可以在办事处核对考勤和津贴等信息，然后在【反馈区】反馈情况和问题，HR 按照反馈处理，HR 和财务的工作都轻松很多。

权限设置

包含各个模块的管理权限

企业管理　　　　　　　　　　　　　　　　开启
☑ 企业公告编辑权限　☐ 企业制度编辑权限
☑ 新闻动态编辑权限

员工管理　　　　　　　　　　　　　　　　开启
☑ 查看人事数据　☑ 人事管理功能　☐ 查看高管隐私
☑ 人事报表导出　☐ 删除员工　☐ 招聘管理员
☑ 面试日程管理　☐ 组织编辑　☐ 岗位编辑
☑ 查看全公司已离职人员　☑ 查看招聘黑名单
☑ 管理招聘黑名单

确定

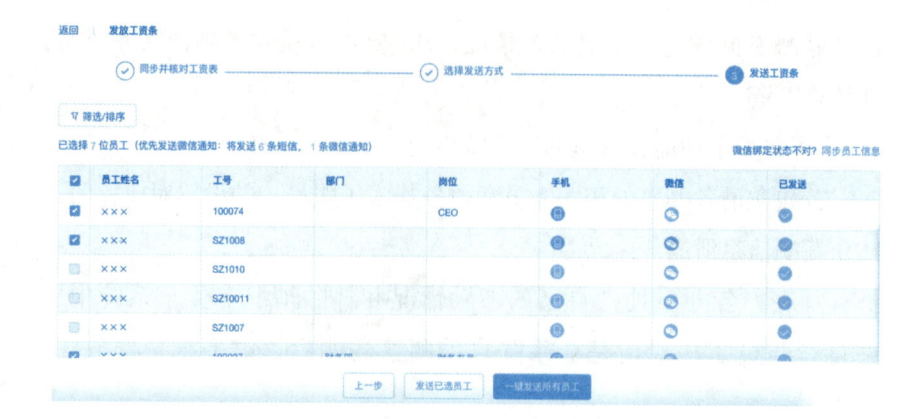

图 9-13　2 号人事部"子帐号联动"示例

三、客户评价

"【入职流程】功能方便各办事处及时办理入职手续和总部监控人员情况，避免用工方面出现的薪酬漏发、社保断交等问题。【异动记录】【组织架构】功能能帮助新任 HR 了解工作事项以外的'人'的关系，实现'人'与'事'的无缝衔接。"

"【统计分析】功能中，点击对应色块就可以看到对应员工信息的设计，对于公司实现类似五年以上员工特殊福利和三个月内未转正员工应发薪酬扣除公司社保部分等进行各种个性化管理。不仅节省了查询核对的工作时间、避免了出错，也给了员工一种方便即时、公司时刻关注到每位员工的感觉，真正实现了管理的意义。"

"【子账号】实现了总部人事、财务与各办事处的相互协作、总部统一监控的管理方式。【薪酬】功能简化了最烦琐、最容易出错的薪酬核算工作，简化了 HR 财务的工作，从而可以把更多精力放在进出口退税、合同等工作上。【工资条】功能让员工对自己的工资放心，可以专心去跑业务，避免负面情绪影响团队业绩。"

| 第六节 |

排班问题让美容会所经历了一场公关危机

一、公司介绍

某美容公司成立于 2010 年，长期专注于投资管理中高端女子美容、美体会所，已逐步形成集化妆品研发、生产、销售、服务为一体的综合性、立体化经营的集团公司，业务覆盖国内三十多个大中型城市。该公司以国际顶尖的产品品质、一流的专业化服务、精细化的管理，赢得了数以万计中国女性的青睐，成为当今中国女性的首选美容服务品牌。

二、碰上找事儿的人

"不知道各位有没有留意过一些奇葩又高薪的招聘，例如，程序员鼓励师、酒店试睡员、口臭测试员、高尔夫球潜水员等。如果不是我好奇去某招聘网站搜索了一下，还真以为是段子手写的段子呢。因为我们公司两个月前遇上了找事儿的人，我才知道现在还有一种职业叫公众号体验师，他们每天的工作就是去体验每一家店的服务，然后在公众号上写体验感评论的文章。正是因为他们的一篇公众号推文，曝光了我们公司在员工管理问题上的漏洞，引起了大量的客户不满及投诉。"

三、预约技师被顶班闯大祸

"事情的起因是这样的，这位公众号体验预约的是我们深圳的分店。她在某点评网看客人们对这家店的评价，发现其中有一名叫青青（化名）的技师好评最多，就和美容院预约时间、技师和套餐。在做美容的过程中，客人意外地发现服务的技师并不是她原来预约的青青，我们的技师也马上解释道：'青青因为今天有事，所以私底下和她换了班。'其实某些行业员工私自换班的问题是普遍存在的，如果没有犯很严重的错误的话，我们是开放性地处理这个问题的；但由于客人没有被提前告知，相当于侵犯了她的知情权，所以很不满意。结果文章一出来，在底下留言的都是其他客户对我们美容院不满的吐槽，虽说这次的事情不大，但是也引起了我公司管理层的重视。"

四、工作变得更加"智能"了

"我们公司成立已有 7 年，由于上级觉得人事部是个没有产出的部门，所以一直以来得不到重视。趁着这次公关危机，公司也认识到了人员管理的重要性，因此从制度上的修改到规范每一位员工的管理，公司给了我们人事部门最大的支持。

财务部有金蝶，销售部和采购部有 ERP，却没有人事系统，这次为了支持人事部门的工作，公司买了一个叫'2号人事部'的 HR 效率软件。"

1. 十分钟搞定员工排班表

"以前的排班表、考勤都会依赖于一张小小的 Excel 表，里面的每个排班都是我们一个一个地敲出来的，如果门店有员工需要换班，只要不影响门店的工作，我们也会睁一只眼闭一只眼。现在 HR 只需要 10 分钟就能完成一个门店的排班表，再加上组织明文规定，'门店下员工不允许私自换班，换班必须报告'，HR 这边也要在排班表上及时调整。"

2. 漏交的资料，一目了然

"我们公司的美容师都需要持证上岗，美容师的资格证分为：初级、中级、高级、技师级、高级技师级职称，他们获得的职业资格证书是与职位和薪酬挂钩的。在'2号人事部'的员工详情页可以直接看到员工有没有提交资格证书以及证书的级别，还能看到员工的升迁、调岗、谈薪酬等方面的信息，如果我们需要查看证书，再也不需要像以前那样去档案库一个一个地找，直接打开员工详情页，非常方便。"

3. 用图表来说话，让人员的补充和储备有理有据

"服务业的人员流动率一直较高，每个月门店都会上报人员需求、都像催命那样催着HR招人；HR天天招人，但也招不够人。有的时候，我们人事部门都会怀疑门店是不是经常乱报人数。现在'2号人事部'的【人事仪表盘】功能则能根据员工的入离职率自动生成入离职率的图形，看到这些图表，我们就可以更加直观地分析流动率大的原因是什么，以及人才的补充和储备是否到位。"

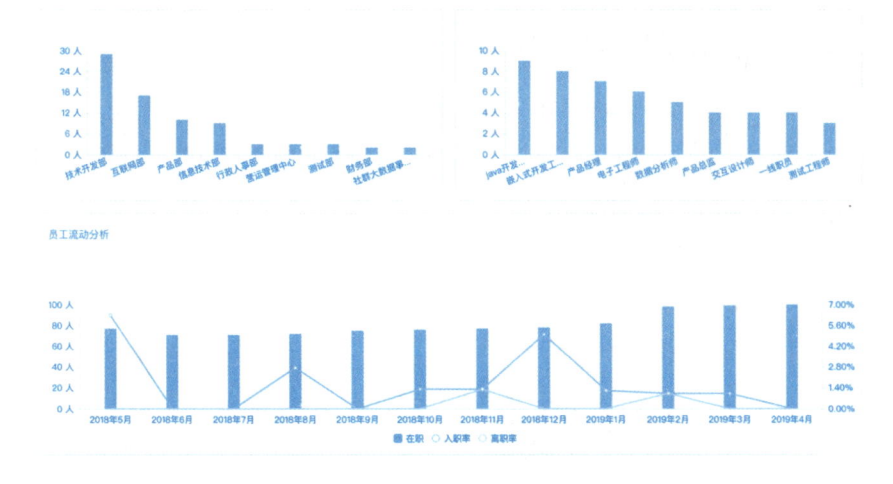

图9-14　2号人事部"人事仪表盘"示例

五、客户评价

"以前在工作繁忙时，总希望有一双无形的手来帮我处理工作。现在，'2号人事部'就是那双无形的手，提高了我的工作效率。除了上述我提到的功能外，还有我非常喜欢的【员工管理】功能，它可以处理各种杂事，给 HR 大把时间去研究更多对企业更有价值的事情。"

| 第七节 |
解决房地产行业编外员工管理困境

该企业于 2007 年上市，业务包含地产、物业、酒店等，拥有 10 万多名员工，分布在 400 个城镇或地区，超过 1000 多名人力资源工作者在为这个企业工作。我们来看看"2号人事部"是如何解决房地产行业的人力资源管理困境的。

一、企业当前存在哪些管理难题

1. 用工形式多样，人员结构复杂

现在企业内的员工数量众多，分为编制内和编制外的。由上至下的组织结构也极其复杂，从企业到区域、从不同城市到各个项目，配置的 HR 数量也各不相同。

2. 现有管理系统存在管理盲区

现公司正使用一款本地的定制化 ERP 系统用于统一管理企业编制

内的员工，但劳务派遣员工没有直接录入系统。如果编外人员的个人信息需要修改，HR 就需要联系劳务派遣公司进行修改，会浪费大量时间。

3. 编外员工信息查阅手续烦琐

编外人员的档案是由劳务派遣公司存档保管的，若 HR 需借阅编外某一员工档案时，需要与劳务派遣公司取得联系，不够方便。

4. 员工入职耗时过长

房地产行业人员流动性大是毋庸置疑的，面对人才紧缺的局面，需要及时地做人员补充。然而新员工办理入职耗时过长，HR 对此深恶痛绝——办理一位新员工入职的平均耗时是 1 个小时，不敢想象若同时来了 10 位新人呢？

5. 异地无法统一发放工资条

员工分布在多个城市的多个地点，办公地点过于分散，每月发放工资条就成为了 HR 头痛的事。

6. 编外人员流动数据无法掌控

人力资源的规划、周报、月报都离不开数据的分析。对于编制外的员工留存，人事系统 A 没能很全面地汇总、分析，也加大了监管的难题。

原有的办公软件无法满足企业现在所面临的困境以及个性化需求。但幸运地是，他们选择了 2 号人事部来尝试解决人力资源方面的管理瓶颈。

二、2号人事部如何一对一解决

2号人事部是中国第一款即租即用的HR效率软件，通过SaaS模式，能够为企业解决员工管理、用工风险管控、人事盘点、人才流失、人力资源服务筛选等工作难点，使人力资源工作更好、更有效率地展开。

1. 2号人事部功能选择的多样化

该公司广州区域的HR除了使用人事系统A外，2号人事部的核心功能也在帮助HR不断地优化工作流程——员工管理、社保公积金管理、考勤管理、电子工资条、招聘管理、人事仪表盘、员工福利、员工自助服务、用功风险评估，涵盖了人事管理的各项工作，功能的多样化解决了原系统过于单一的问题。

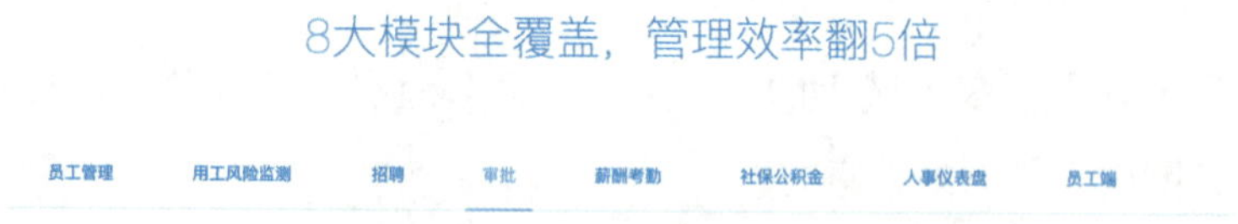

8大模块全覆盖，管理效率翻5倍

| 员工管理 | 用工风险监测 | 招聘 | 审批 | 薪酬考勤 | 社保公积金 | 人事仪表盘 | 员工端 |

图9-15　2号人事部"8大模块"示例

2. 解决编外人员的管理难题

对于编内的员工，只需要使用企业的标准化管理系统管理即可，而编外的人员虽由外包公司分管着，但他们的各类信息还是用传统的方式管理。接入2号人事部的员工管理系统后，就可以管理编制外员工了。选择【直接导入原有花名册】，系统自动归类，对员工的性质、状态等做初步分析，智能展示当前员工信息。

图9-16　2号人事部"花名册导入"示例（1）

3. 查阅员工档案不费劲

员工的详情页里包含员工的各种信息，HR 想要查看是非常便捷的，且页面整洁美观，不同的按钮对信息也有各种分类；不像传统的员工管理表格，一个 Excel 表格既涵盖不了所有的信息，查看原文件也很不方便。实现对编外员工的资料信息化管理后，便规范了这部分人的个人资料。

4. 节省新员工办理入职时间

HR 将 2 号人事部系统提供的专属入职二维码打印出来，提供给新员工扫码填写信息，所有个人信息、材料附件等均可通过手机由新员工自助填写，信息将自动同步储存在系统里面。

5. 一键发放工资条

员工核对工资条，确认无误在工资表上签字。这个工作环节也就 30 秒左右的事。但是公司在一个城市就有百来名员工，一个区域则有上千人，再加上一个区域分管的多个城市——总不能签工资条的时候让员工统一集合吧！

【电子工资条】的功能正是为了解决这样拥挤的工作场景而出现

的。员工只需要关注2号人事部服务平台；HR则在系统上做好工资表，接入发放工资条的功能，选择发放工资条的员工，即可一键发送，不用面对面，一样能让员工确认工资条。

图9-17　2号人事部"电子工资条"示例

6. 为HR优化工作流程

公司规模越大，人员管理越来越数据化。入职率、离职率、留存率等数据变化直观地体现了公司各项制度规定是否适用于管理员工。数据驱动流程的优化，重要性不言而喻。

2号人事部在房地产行业具有广阔的发展前景。相信2号人事部无疑将为房地产行业人力资源管理提供一个切实可行的好帮手，整体提升房地产行业的核心竞争力。

三、用户评价

"之前也用过很多其他公司的人力资源管理软件，都感觉没有'2号人事部'这么专业。以前开会之前要统计公司各部门入、离职及人员异动数据并做分析，基本上要花一天的时间，现在这些数据都在'2号人事部'里了，基本上1个小时间左右就能搞定。员工自助服务实现了考勤和审批的无纸化，为公司节约了办公成本的同时还节省了各部门之间沟通交流的时间成本，真的非常棒。"

第八节

跨国建筑安装企业的属地化管理之路

中建某工程有限公司是国有建筑安装施工企业，创建于 1952 年，隶属于世界 500 强企业——中国建筑股份有限公司。

公司具有全面的施工资质和质量、安全、设计等多种认证。

该分公司成立于 2007 年，如今有员工 300 人，分布在各地，包括国外。因行业特质，公司主要面临的管理有以下几点。

（1）工程行业，员工异地派遣情况普遍，且驻扎时间长、工作条件艰苦，因此派遣员工的属地化管理难度大。

（2）基于对国外法律制约以及降低成本的考虑，需要大量招用本地员工，本地员工的属地化管理受到文化差异、宗教信仰、劳动者保护体系、等各种原因很大的影响。

（3）国外项目从业队的使用不如国内项目从业队。国外可以上岗的技工很少，甚至普通操作技工都很难找到，培养和留存管理难度大。

由于受降低成本、减少工期损失和国家本地保护必须招用当地员工等因素的制约，只能招聘本地员工并进行管理和培养。建立全面的劳务工信息电子档案库是刚需。

一、统计分析结合考勤、薪酬解决派遣员工属地化管理难题

1. 员工概况中的年龄、婚育情况统计锚定重点关注人员

员工概况统计分析中的年龄、婚育、户籍情况统计信息对派遣员工很关键，因为对外籍员工来说有三大痛点：离家远、结婚难、家庭顾不上，而这些往往是让员工离职另谋'钱不多、事少、离家近'的工作的重要因素。因此，为员工解决这些后顾之忧很重要。

在员工概况统计图中点击对应的色块或区域，如点击已婚所在地色块，就可以跳转到对应员工列表，方便 HR 后期管理。

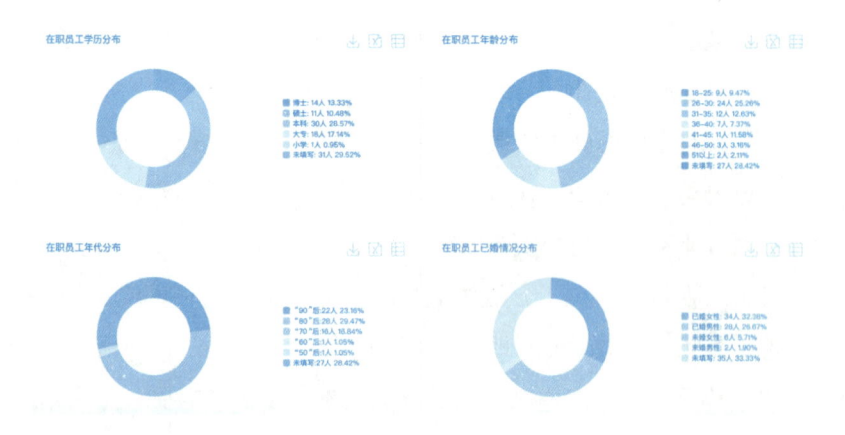

图9-18 2号人事部"多管理者在线"示例

2. 考勤、薪酬系统对属地化管理的监督提供便利

锚定重点关注人员后，需要结合其他管理信息对症下药，制定稳定政策。比如考勤系统，因为外派人员所在的每个地区的一级部门名称都是相似的，如湖南地区设为湖南办事处，我们在考勤报表中就可以先导出对应区域的考勤表，然后在考勤表中筛选非本地员工出来，查看其休假情况，薪酬也是类似的操作。

最后我们根据不同的情况进行相应的处理。

（1）如果考勤信息显示该员工长时间未休探亲假，那么就要通知当地管理人员协调安排其休假探亲。

（2）已婚员工根据情况安置家属，如核心人才可以安排家属跟随派遣，并为家属提供合理的津贴。

（3）派遣员工薪酬对标后，待遇条件不足的需要给予更加优厚的薪酬福利。

（4）未婚员工在特殊节日要及时安排联谊、拓展等活动。

（5）对已育女员工和年龄较高的员工要及时沟通，视情况调其回家庭所在地常驻。

（6）其他。

二、多人协作管理结合风险管控、人事日历，助力属地化管理

1. 多人分权协作实现各地因地制宜和总部实时监督

2号人事部的账号权限设置很完善，不仅实现了老板、管理员、子账号权限分等级管理，同时实现了管理员工范围和工作细分项目的管理。

其中高管隐私是画龙点睛的一项，高管信息如果被泄露，很可能给对应人员的生命财产安全带来危险。按照工作范围赋权后，总部只需要根据工资发放情况、考勤、档案自动盘点结果等信息按时查看监督，即可保证异地管理的良好进行。

2. 人事日历与员工花名册在国外员工属地化管理中的应用

外派的管理人员，在人事日历中根据当地宗教信仰和文化风俗将当地员工的相关信息加入特殊的提醒项。结合人事日历自带的员工生日、周年等人事自动提醒，解决了最头痛的国外员工属地化管理问题。

"按照 HR 设定的提醒规则，管理人员收到提醒后，就可以在"员工管理"中自定义导出花名册。选择需要的字段，比如"民族""户籍地址"等信息。在导出的表格中筛选出对应人员，安排放假或者为其举办对应的节日活动等。同时总部和相关地区负责人可以根据情况及时联系，进行人员调动、补充，比如，有些地区需要过很长一段时间才给员工放假，如派遣员工春节需要返乡探亲等，这些很容易导致阶段性的人员空缺，通过这个操作就可以及时解决。"

图 9-19 2 号人事部"花名册导入"示例（2）

3. 通过导入花名册和档案资料上传建立完善的劳务工信息库

众所周知，国外的项目用工一直是工程行业的第一大硬伤，国内外派带来的机票、助手、薪酬福利等成本高企，本地招聘管理带来很多管理难题。其中本地员工除了语言文化，最大的问题是很难找到符合岗位要求的人，至于技术上非常过硬经验丰富的专家和现场高级技工，则是行业内最紧俏的人才。加上国内企业在国外的资源有限，因此，建立劳务工和人才信息库，形成内部关系网，形成培养与资质认证体系和内推机制就很重要。

（1）自动识别花名册格式，特殊要求由人工帮助导入

"工程行业花名册信息多，'2号人事部'可以自动识别、一键导入，避免了下载模板和重新填写内容的工作量。由于公司用工形式与系统默认的分类不同，因此求助了'小秘书'，因为是企业版用户，得到了优先的一对一服务，基本没花费自己多少时间，这是在其他系统中没有的。"

（2）资料拍照上传、证件识别、系统自动盘点，帮助完善员工档案信息库

电子化的档案信息库实现了全球范围内的档案信息共享，而且系统可以盘点存档情况，企业版在需要的时候可以批量下载使用。资料可以拍照上传，证件自动识别，因为人员情况复杂，这个功能避免了很多风险，比如诈骗、身份造假等。"

38%
在职员工存档率

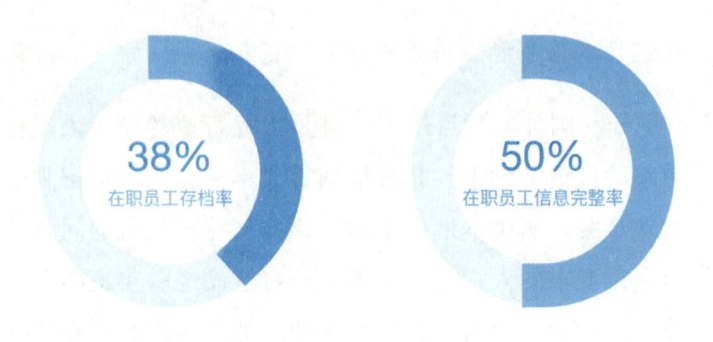

50%
在职员工信息完整率

人事材料存档率38%
上传更多人事材料可以提升存档率，降低用工风险

身份证原件　　　　　　　　　　　42%　去上传

学历证明　　　　　　　　　　　　42%　去上传

合同　　　　　　　　　　　　　　37%　去上传

入职简历　　　　　　　　　　　　36%　去上传

图9-20　2号人事部"电子档案"示例

4. 离职人员档案和培训信息导出为快速寻找高素质人才提供帮助

项目上的人员，尤其是技工，进出很频繁。即便国外的项目进出周期长，也会面临因为项目结束解散的情况。招聘到合适的员工很难，培养出来的员工就这么解散掉很可惜，因此我们在2号人事部建立了档案库，对离职员工信息进行充分利用。

点击离职员工存档率，之后会看到全部离职人员。如果在某地有新的项目开展，就可以根据员工信息，对需要的员工再次聘用。另外在花名册导出中有'培训经历'的字段，我们可以根据这个进行内推奖励的发放、监督，形成坚固的内部关系网，避免招工困难问题。员工培训情况盘点也是很重要的部分。通过筛选和盘点，可以帮助技工提升能力，助力企业人才梯队的建设。"

三、总结

"集团有自主研发的 eHR 系统，但信息化研发不是企业擅长的领域，因此系统适用效果有限，且只能供二级机构使用，到三级机构即不能使用了。因此考虑自主选择系统，试用后会考虑向集团推荐。选择 2 号人事部主要是因为它可以通过强大的员工管理、人事日历、风险管控和档案信息化管理等功能，帮助解决对企业困扰最大的外派员工、本地员工的属地化管理、用户荒等问题，还能降低流失率。"

|第九节|
如何搞定连锁餐饮管理公司的三大管理难题

某连锁餐饮管理公司一直以来坚持以优质食材，打造舌尖上的麟肝凤髓，以经得起感官检验为使命。成立两年多，分店、加盟店已占领十几个省，几十个城市，获得客户一致好评。

连锁餐饮业务快速发展，随着各个部门的扩招、流动，人事部门的工作量一天一天翻倍，人员管理问题越来越多，曾经在人事部门内流传一句话："天将降大任于斯人也，必先让其成为 HR，进入餐饮行业，在连锁餐饮管理公司，负责薪酬和员工关系！"

我们来看看连锁餐饮管理公司面临的三大管理难题是什么。

（1）各门店排班复杂，打卡方式不同，考勤结果难统计。
（2）各门店的新员工入职手续冗长，无法第一时间提供给总部。
（3）各个角色的管理工作划分不明确。

管理层遇到的问题越来越突出，于是公司考虑引入一款人事软件，帮助人事部门梳理工作流程和减少部分基础的重复工作。在多方对比和试用后，决定引入 2 号人事部来解决目前的管理难题。

一、用系统排班设置规则，自动核算考勤结果

"虽然各门店统一三班倒，一周换一次班，可是每个员工的每周班次千奇百怪，很少有员工是很整齐的一周一样的班次，基本上都是一天早班一天晚班，有些店用考勤机，有些店用纸质签到，每到月底，单纯统计考勤数据就需要耗费大量时间，真的太乱了。但是现在，总部这边 HR 的排班管理全部可以在系统里排（各分店负责人登录自己的账号安排自己门店的员工）。"

二、使用电子入职登记表，线上办理入职

"总店员工（主要是服务员之类的岗位）的流动量就已经很大了，各门店的入、离职全部要跟总部走流程，所有工作都是"量贩"的，经常出现整个部门得空就帮忙店长登记员工信息、整理档案的情况。现在，各个分店都打印了 2 号人事部提供的专属部门入职登记二维码，贴在小黑板放在员工室内，新人进来就引导他自助扫码填写。客户最赞赏的是附件资料也可以让员工自行上传，系统自动收录、归类新员工的信息和附件材料。员工提交后，HR 或店长在系统审核通过，入职办理就算完成了。系统会自动盘点档案、自动进行数据分析……而且是各分店自行办理后，总部就可以直接监督到。"

三、各分店在一个系统中的分工合作

"连锁餐饮管理公司的管理之所以很复杂,就是因为各店长分工管理门店人员,但是又需要总部统一控制,来保证人事和业务工作流程的标准化。虽然总部会安排统一的培训、定期组织技术活动等,反复提高各分店服务的相似度,但是效果很有限。总部是希望各分店继续分工管理的,但是分店的重要工作,总部需要实时监控到。2号人事部系统提供的账号权限就很适用,不管是分店上的权限划分,还是人事部门招聘、考勤工作内容的划分,提供的自由度足够广。现在各店长用自己的账号管理,总部统一负责起来,无须延时等待,所有操作日志都能监督到。"

四、用户评价

1. 某餐饮管理(深圳)有限公司

"国内优秀的餐饮行业愈来愈重视对行业市场的研究,特别是对企业发展环境和客户趋势变化的深入研究。正因为如此,大力关注企业的发展环境迫在眉睫,随着企业信息化改革,信息化系统应运而生,使用2号人事部是我们最重要的决定!"

2. 某酒店管理有限公司

"最突出的是对门店人员流动的管理,从传统手工行为直接换成线上电子化,新员工扫码填写入职登记表就可以,非常方便,是我们人事工作一次很成功的改革,相信在2号人事部的协助下,我们的HR也能将更多的时间和精力投入到真正有价值的工作上。"

| 第十节 |
连锁酒店人事难题终得破解

一、企业介绍

某酒店集团自 2006 年第一家酒店诞生开始，就一直秉承"洁净、舒适"的服务理念，不断在国内市场上快速地形成品牌特有影响力和市场占有优势，目前在国内已经拥有 100 多家连锁酒店。

二、二线行政部门的不容易

"相比起一线服务岗位，朝九晚五的二线行政部门绝对是大家羡慕的对象。但如人饮水，冷暖自知，谁说我们工作的内容就轻松得多？人是第一创造力，有关于'人'的问题，自然是最重要且最难解决的问题。"

1. 酒店员工忠诚度低，人才流失现象严重

"对任何一家企业来说，人员的合理流动都会为其带来新鲜血液，但过高频率的人才流动就变成了人才流失。作为一个服务型的行业，酒店业的人才流动不应超过 15%，但实际上，很多酒店的员工流失率达到了 30%。过高的员工流失给企业组织造成的混乱，最严重的后果是使酒店的长期发展目标难以实现。"

2. 各种激励措施起不了作用

"在大多数酒店中，不论是物质刺激还是精神激励，都发挥不了很大的作用。之前也介绍过，酒店基层员工的工资普遍较低，所以

员工的工资收入相比其他行业而言就没有太多竞争力，高薪留人更是成为空谈。"

3. 人力资源部力量薄弱，工作量大而烦琐

"人力资源部疲于事务性工作，缺少分析以及决策能力。许多酒店的高层决策，HR 人员都没有介入，所谓的人力资源部基本只是执行传统的招人、管人以及例行的培训等，并没有真正参与酒店决策的权力，本应是重中之重的人力资源部在整个酒店中却是处在'高不成低不就'的尴尬地位。"

三、管理"进一小步"行业"进一大步"

1. 智能人事日历，让工作更有计划性

"任何高效的工作都离不开规划，过多过杂的日常工作在没有规划的情况下使 HR 花费了过多的精力，而只能被动执行上级的指令、从事基础事务的处理、无法主动将人才资源和企业重大发展决策挂钩。2号人事部的智能人事日历可以自动生成待办事项，也可以随意添加工作计划，完成的工作也会自动变成灰色。让 HR 节约更多的时间往管理方向靠拢。"

2. 数据支撑的招聘规划

"日本'经营之神'松下幸之助曾说：'企业成败的关键，取决于一开始是否用对人！'

但是招人难，留人也难。从下列图表可以看出，十一月、十二月的离职率较高、人员流失严重。为了酒店正常运作，人才资源一定要及时补充人员并做好高素质人才的储备工作，减少不必要的人员流失。

用数据说话，什么时候人员补给、什么时候做人才梯队建设，让工作变得有理有据。

3. 远程发送入职登记，资料录入零失误

"我们公司统计过，一位新员工的传统入职时间在 30 分钟左右，过后 HR 会花上 10 分钟录入资料，而且为保证证件号码的准确还需要反复核实；大部分的时间都浪费在资料填写、收集、录入上。如果当天有 20 名新员工同时入职，说不定上午的时间就会全部砸在办理入职上，还不一定能完成全部入职工作。现在员工入职前，HR 都会提前邀请待入职员工办理入职，等到入职日当天花上几分钟确认材料便可。

"起初我们还在担心一个一个给新员工发送邀请又是一件麻烦事，毕竟工作量会有所增加。但系统并没有给我担心的机会，在线批量编辑待入职人员（人数无限制）后，即可一键批量发送。填写完毕后，员工资料直接在系统上显示，HR 也不用手动录入资料，方便又省事。

"HR 既是个服务的角色也是个管理的角色，但我国大部分企业总把 HR 当做公司的'万能保姆'，这使我们无法为企业创造价值。'2号人事部'帮助我们解决了简单的'小事'，把具有业务性的'大事'留给了我们。"

后记

在一年多的创作周期内，为了让这本书尽可能完善地展示出人力资源信息化的全貌，两位作者组织了三茅研究院的专家团队，加班加点地"较劲"，终于能给各位读者呈现一个比较清晰的行业信息化发展脉络，以及从业者在信息化趋势下所能采用的一些应对方法，希望能为大家提供一些参考和借鉴意义。

人力资源是一个变化非常快速的行业，它跟社会的发展和时代的进步息息相关。就在编写这本书的过程中，发生了许多大事：2018年3月23日，特朗普宣布对中国出口至美国的600亿美元商品加征关税，正式打响贸易战；6月份，个税改革正式摆上前台，从个税法修正案草案提交人大审议，到新个税法获通过，再到个税专项附加扣除细则，一直饱受亿万职场人关注；同样受关注的，还有跟每个人密切相关的各类经济问题：生育政策调整以及公积金新政对年轻人的影响等。

然而，对于这样一个行进如飞的行业，当我们试图寻找一些当前最新的技术与行业结合的资料时，却发现寥寥无几，我们甚至没能找到一份完整梳理人力资源信息化变革的材料。于是，我们试图自己来完成这个破冰的任务，出版业内第一本系统性阐述人力资源信息化变革的书籍，这也是本书的由来。

在成书的过程中，顾问委员会付出了许多辛苦，大部分人都是在工作之余,抽出业余时间来研究趋势、整理成文。尽管大家已经尽可能地保证书籍的内容质量,但由于水平和精力所限,难免会留下一些遗漏之处,在此欢迎各位同行指正。我们希望能给这个行业创造一份精华内容,而您的意见和建议,将是对我们完成这个目标的最好的帮助。

图书在版编目(CIP)数据

HR的重生：效率时代的信息化革命/焦学宁，王强著. —北京：中国法制出版社，2019.10
ISBN 978-7-5216-0358-3

Ⅰ.①H… Ⅱ.①焦… ②王… Ⅲ.①信息技术—应用—人力资源管理—研究 Ⅳ.①F243-39

中国版本图书馆CIP数据核字(2019)第141313号

策划编辑：潘孝莉

责任编辑：郭会娟（gina0214@126.com） 封面设计：汪要军

HR的重生：效率时代的信息化革命
HR DE CHONGSHENG:XIAOLÜ SHIDAI DE XINXIHUA GEMING

著者/焦学宁，王强

经销/新华书店

印刷/三河市紫恒印装有限公司

开本/710毫米×1000毫米 16开 印张/15.75 字数/245千

版次/2019年10月第1版 2019年10月第1次印刷

中国法制出版社出版

书号 ISBN 978-7-5216-0358-3 定价：59.00元

北京西单横二条2号 邮政编码100031 传真：010-66031119

网址：http://www.zgfzs.com 编辑部电话：010-66060794

市场营销部电话：010-66033393 邮购部电话：010-66033288

（如有印装质量问题，请与本社印务部联系调换。电话：010-66032926）